U0782823

# INTERNET
## PRECISION MARKETING

# 互联网精准营销
## 低成本引爆市场

蒋 军◎著

中国青年出版社

**图书在版编目（CIP）数据**

互联网精准营销：低成本引爆市场/蒋军著. —北京：中国青年出版社，2019. 1

ISBN 978 – 7 –5153 –5486 –6

Ⅰ. ①互… Ⅱ. ①蒋… Ⅲ. ①网络营销 Ⅳ. ①F713. 365. 2

中国版本图书馆 CIP 数据核字（2019）第 010718 号


**互联网精准营销：低成本引爆市场**

蒋　军/著


出版发行：中国青年出版社

地　　址：北京市东四十二条 21 号

邮政编码：100708


责任编辑：刘稚清

封面制作：仙　境


印　　刷：河北宝昌佳彩印刷有限公司

开　　本：880 ×1230　1/32

印　　张：6. 5

版　　次：2019 年 6 月北京第 1 版

印　　次：2019 年 6 月第 1 次印刷

书　　号：ISBN 978 – 7 –5153 –5486 –6

定　　价：88. 00 元

本书在以互联网时代认知和技术为底层逻辑和架构的基础上，通过项目整体策划包装（品牌超级 IP 打造、场景化产品策划）＋互联网商业模式设计＋营销运营和落地，实现企业业绩快速突破。

**（1）本书的内容。**

品牌不仅仅是一个形象，品牌是鲜活的并具有人格化特征的 IP。超级品牌就是超级 IP，包含品牌势能、内容输出、话题能力。超级 IP 能带来流量，并驱动消费。本书除了对品牌文化、品牌价值、品牌支撑进行梳理外，还对品牌如何赋能进行了提炼，寻找适合超级品牌发展的系统构建。

产品是什么？一切刚需其实都是场景下的刚需，如江小白、小罐茶，你不是它的消费者则无感，你不在这个亚文化领域也不关注。一旦你成为它的关注者，它就会把你变成粉丝。

场景是产品的解决方案，场景是流量、场景下产生的刚需。因此，我们需要对产品进行场景化打造，从物理、价值、精神层面诠释产品与用户之间的关系。

互联网商业模式主要解决渠道的推动力，社群需要亚文化推动，一旦有了这个底层动力，市场和渠道才能启动。用投资和分享模式，就能让这部分人快速加入，实现销售。我们说的互联网商业模式是：整体包装项目，设计盈利模式，对 B 端赋能，在 C 端进行用户裂变。目的是让企业具备生态化自身盈利能力、融资能力，最终提升的企业市场价值，对接资本，进行转化。

自媒体精准推广，不是不要传统的推广，而是要利用大数据和自媒体的精准触达，实现粉丝的深度服务和精准招商。百度等推广则需要做信息沉淀和信任构建——以百度、360、搜狗为核心的搜索引擎，整合行业网站、B2B 网站、分类信息网、自媒体平台进行全网营销推广。

**（2）本书的适用企业。**

本书不是讲投资的，投资群体是为了实现商业模式和销售转化，通过资源导入、分享模式，引爆市场和积累资金，形成资金池和流量池。

本书实际上讲的是怎么在互联网时代整体策划、包装品牌和产品，为了便于阐述，将品牌、产品、形象、背书等统称为项目包装，并在此基础上为企业设计商业模式，技术实现并运营落地。当然，不是靠单纯的广告推广和人海战术，而是靠互联网系统和裂变的力量。

从这个角度来说，任何企业都可以进行三部曲的打造（项目整体策划＋互联网商业模式＋营销运营落地）。更准确地说，我们的这套系统是为中小企业服务的，甚至是为基础薄弱的小微企业服务的。可以是现有产品、品牌的升级，也可以是现有商业模式的重塑、系统搭建、技术实现、运营落地，最后形成生态圈和平台。

我们的目标：为有基础的小微企业（大企业的新项目）1 年实现销售额过亿，2 年对接资本，3 年左右准 IPO。

# 没有传统的行业，只有传统的思想

**没有传统的行业，只有传统的思想！**

——献给那些不甘平凡的人

最近很多客户问我：蒋老师，互联网时代，创业容易吗？或问：我们行业很传统，没法进行互联网营销？

**（1）做什么不难？都难。**

但相对于传统时代的创业，互联网时代应该相对容易一些，门槛更低，成功率更高。

**为什么说相对容易？**

互联网首先解决了传播问题和渠道问题，这是传统营销时代最难的两件事情。

品牌、产品、管理、技术、团队，这些相对来说还是容易的，因为你要做事，首先要有项目、有技术、有产品、有人做。

唯独渠道和传播很难。因为这些都是中心化的，你要在央视、卫视做广告，你要找到经销商和代理商，这些很难，因为你没有好的品牌和影响力。而互联网时代，一切都是传播，一下子解决了渠道和传播的问题。

**难在哪里？**

难在互联网变化太快，而自己不变。这真是一个不断变化的时代，你的核心优势是什么，就是不断地学习，不断地迭代。不改变、不学习，又想做好市场，太难了，基本不可能。

在这个过程中，要有积累、沉淀，要有深刻的行业洞察力，见所未见，找到突破的机会。要么做不起来，做起来，就是你想不到的效果和规模。

**怎么快速做成一个创业项目？**

**第一，对行业有深刻的洞察和认知。**对事物的深刻认知，是人与人的本质区别。很多人说，白手起家基本不可能，你看当下的那些成功者，谁不是靠看不见的那些背后的"能量"制胜！尽管我们不能忽略这些因素，但更重要的是，我们要看到成功者异于常人的认知和洞察能力。

**第二，选中好项目。**什么是好项目，每个创始人都认为自己的项目很好。但一定是解决用户痛点的项目，技术很重要，但技术的应用——解决问题更重要。高技术含量，有背书，然后结合应用场景。

**第三，做好项目的整体策划和包装。**背书、产业链、价值梳理、打造信任度，是整体的战略规划和布局，一定不能含糊。方向错了，很容易出问题。项目的整体策划主要包含战略目标、集团架构、业务板块、价值输出、文化内涵、形象塑造等内容。

**第四，互联网商业模式快速见效。**

**从投资人群入手。**换一种思维，从投资者开始做。投资者既是投资者，也是推广人，还是消费者。这里的投资者不是机构类大的投资者，而是个体的消费和投资、创客等身份的市场领导人、代理商、个人创业者。

**产品是一种解决方案**。单纯卖产品，投资者当然不关心，他们更加关心收益回报。因此，这些高科技产品是可以带来回报的。比如你买了一个产品或者方案，你就有收益，这个收益分为两种：一种是增值收益；另一种是推广收益。

**增值收益，这才是痛点和刚需**。增值收益可以是静态的，按照一定的分红（需要精算，根据市场销量来算，不固定），也可以将其绑定在一种技术上。

最重要的是，能很快实现资金回笼（3～4个月），投入很少，又能快速实现资金回笼，市场的培养和教育也就简单了。

**总结起来，互联网商业模式就是企业（S）对 B 端赋能，通过 B 端对 C 端服务，并进行消费者裂变。简单地说，就是 S2B2C 模式，通过社群进行转化和裂变。**

（2）没有传统的行业，只有传统的思想。

让我最不能接受的是，一些80后，甚至90后，都说自己处在一个很传统的行业，没办法改变，不能用互联网的方式进行革新，我真的很诧异。

以前，我在做销售的时候，领导经常对我讲一句话："没有淡季的市场，只有淡季的思想。"我那时刚大学毕业，做啤酒销售，一到冬天，大家基本"三板斧"做完了，准备来年再战，真的没人喝啤酒了吗？也不是，只是露天喝啤酒的人少了，转移到室内、酒吧、家庭消费了。是不是销量下降了？肯定是，但不至于没人喝了。所以，你的工作重点就要转移了，转移到客户所在的地方。

这是不是用户思维呢？

消费品还是需要渠道和终端的，但影响消费者决策和行为的媒体变化了。怎么影响？渠道、媒体碎片化了，需要在消费者停留最多的地方做宣传。那是什么？移动媒体、手机？可能吧。

没有技术含量的普通产品要怎么卖？一个个卖，还是赋予价值、当作一个解决方案或者一个有概念的产品方案来卖，当然是后者了。众人一起帮你分享给大家不好吗？收益设计有引力就好了，关键是你还把现金拿回来了。

任何新生的行业、概念都会有不完善、无法完全理解的地方，但一定要关注，并紧跟趋势、学习、研究，而不是一成不变、自我封闭。

你有多深的认知，就能取得多大的成就，这就是互联网时代的法则。当工具和方法在飞速变化的时候，不变的只能被时代淘汰，而且会非常快地被淘汰。

# 第一章
## 精准营销时代降临

### 一、互联网精准营销是回归本质

经典的营销理论告诉我们，营销的本质就是发现并满足消费需求，达到企业目标。如果更牛一点的公司，则会引导和创造需求（一种梦想）。

互联网时代，其实就是两个字——回归，但不自觉地脱离营销本质的人多得很。下面要说的案例是营销泰斗菲利普·科特勒《营销管理》上提到过的经典案例之一。

有位办公室文件柜制造商，生产的办公文件柜品质优异，而且品牌形象好。后来他用更优质的材料来制造这些柜子，但销量不佳，他跑去问销售商："为什么顾客不想买我的柜子了？"销售商说："因为文件柜价格上涨了。"制造商理直气壮地说："我有了更好的材料，这些柜子从四层楼扔下去仍能完好无损。"

他的销售商表示赞同并说："是的，但显然我们的顾客并不打算把它们从四层楼往下扔。"

很不幸，这样的案例比比皆是。

以前保健品行业的例子就是包治百病，最后对整个行业都造成了严重的打击。

仅仅是概念，那一定是忽悠，不可能成功。

营销不要忘记了"本质"。"本质"是什么？"本质"是消费者的需求，更重要的是将需求转化为利益，并将价值传递给目标消费者，满足消费者的需求。

简单地说，良好的销售过程就是：抓住目标顾客及需求，再用什么样的产品/服务满足客户需求，并将我们的价值传递给目标客户。

如果一盘精美的色香味俱全的美食装在一个脏兮兮的盘子里，想来你也不会有胃口大快朵颐了。

"本质"就是消费者的真实需求，产品/品牌提供的核心利益和价值。

这说明了同一个问题，那就是：不管你"闹得"场面有多大、多热闹，概念多新鲜，模式多新颖，还是要回到营销的本质上，有些原则是一定要遵循的。

**第一，强化"需求"谈营销。**不管是发现需求、引导需求，抑或是创造需求，终归是围绕需求在做思考。无论"定位"也好，其他的什么"位"也罢，营销工作就是在这个基础上进行的，提升理论高度是好的，但不要"误入歧途"。

**第二，品牌整体策划。**目标消费者锁定，并让你的产品成为强需品，挖掘产品和品牌的独特价值，这是第一步。只有独特价值，才会有市场，那就必须为品牌和产品增值。增值的策略是围绕特定需求进行品牌价值的提升，增强消费的档次感。另外，最重要的是创造一种场景消费，让产品成为必需品和强需品。

**第三，落地落地落地，重要的事情说三遍。**要想有销量，能长远地健康发展，达成目标，离不开落地，但落地绝对不仅仅是广告、宣传、促销。企业、市场、产品所处的竞争环境和发展阶段不一样，所采用的策略也是不一样的。互联网时代，新品牌和产品一上市就大传播和进行促销，效果并不见得很好。一是投入太大，运营方也不想这么做；二是新品牌需要有一个跟消费者沟通、让消费者感知的过程。只有消费者感知了产品、品牌所带来的独特的价值和体验，促销才能真正发挥作用。

这种感知和接受应该怎么做？不仅仅从消费者入手，还要从利益相关者入手，从代理商和投资者角度看，怎么吸引更多人参与，带动新品牌进入消费群，这就是我们说的精准营销、资源匹配，利益相关者带动市场的发展，分享到更多的需求者。一般的策划公司就算可以策划，也没有相关的资源去落地。

策划很多人会，落地和效果才是最关键的。

**第四，超出客户的期望。**客户满意一定是所接触和购买的产品、服务超出了他们的期望。怎么才能超出客户的期望呢？

一是不能凭概念"忽悠"消费者，要实实在在地创造价值。

二是不要去满足消费者的需要，需要满足不了，满足达成目标的需求足矣。

三是明确的核心利益点。

四是一点额外的惊喜，雷布斯经常说到海底捞的例子就是最好的例证，详情自行百度。

**第五，任何模式都依附于产品。**互联网时代，营销的本质没变，变化的是思维、工具和方法。思维是用互联网的思维和精神去改造品牌和产品，工具就是互联网的技术，方法是互联网的商业模式和生态构建。商业模式一定是依附在产品和价值之上的，不懂得这个道理，就算短期成功，长期来看也会栽大跟头的。

## 二、互联网精准营销的战略路径

**第一，传统营销为什么会失效？**

影响营销的资源、要素、工具，方法都在变化，如果还是老一套，媒体硬广、明星代言、渠道控制、终端活动，肯定玩不转。

**第二，互联网精准营销的逻辑和本质。**

传统营销升级互联网精准营销的五大本质变化：

**一是营销底层逻辑的变化。**现在已经不是执行力第一的时代，是认知能力第一的时代，你对事物的判断和认知决定了你的事业的高度。

**二是互联网营销的本质是分布式。**互联网不是绝对的去中心化，而是分布式，不是没有中心，而是中心的弱化。

**三是营销路径的变化。**互联网时代，先做口碑，再到广泛的知名度，做核心人群，由核心人群带动大众，由个性形成影响，最终做成广泛的覆盖和影响力，这是互联网的做法，也是典型的由内而外的传播路径。

**四是营销工具的变化。**互联网时代，营销的工具已经发生根本性的变化，技术、大数据营销、百度营销、自媒体精准推广、营销事件引爆、做成话题、内容和势能。这跟以前的物料，主画面、画册、终端陈列、话术、招商手册、政策等营销工具等形成了鲜明的对比。

**五是营销落地方式的变化。**互联网时代的营销有两种实现方式：一种是从 C 端入手；另一种是从 B 端入手。从 C 端入手，就比较传统，需要教育市场，启动慢，前期需要有较大投入，如果产品策划包装、背书建立到位，资源丰富也可以做起来。

从 B 端入手，从投资者或者 B 端开始做，投资者既是投资者，也是推广人，还是消费者。这里的投资者不是机构类大的投资者，而是个体的消费和投资、创客等身份的，即市场领导人、代理商、创客。

**第三，中小企业的营销困境。**

中小企业营销所面临的核心问题是：品牌建设周期长、产品销售困难、渠道薄弱和消费人群不精准；传统品牌营销困境凸显：高举高打，投入大量的人力、物力和资金，效果却无法检验，转化率极低，甚至没有转化。

怎么才能做到低成本大传播，小成本高转化？

**第四，互联网精准营销战略路径。**

以品牌超级 IP、场景化产品策划和背书为顶层设计，以互联网商业模式为驱动力，以大数据精准触达、自媒体深度服务为抓手，引爆市场和运营落地。实现项目整体包装、互联网商业模式设计和营销运营落地三位一体的整体解决方案，从根本上解决传统品牌营销的不落地、无考核、没效果的顽疾，最终实现用户、数据、生态和平台的整体布局和商业闭环。

**互联网精准营销四大解决方案：**

·超级 IP 是品牌的解决方案——品牌从结果变成过程。

·场景是产品的解决方案——场景带来刚需和流量。

·互联网商业模式是渠道的解决方案——渠道和社群的动力来源。

·大数据和自媒体是精准营销推广的解决方案——用户精准触达和转化。

## 三、精准营销时代真正来临

互联网时代，营销即传播，4P皆传播，当然，我是基本认同这种观点的。不过，营销即传播，10多年前就已经有传播学派的专著论述了。4P皆传播，是刘春雄老师首先提出的，我很受启发，真正击中了互联网时代的营销本质。

但矛盾由此而来，有人认为广告时代已经宣告终结了，他们的理由是：广告是灌输的，只是靠一句广告语来征服消费者，进而他们推论出品牌要解体了，甚至要消亡了。他们认为，品牌就是人为制造或者臆造出来欺骗消费者的。因此，品牌其实没有什么方法，有好产品就可以做出好品牌。

关于品牌、销量是结果还是过程等问题，我在几个月前已经专门撰文论述，因为时间关系，或者我觉得没有必要纠结于此，快速多变的时代，还是少谈些主义，多干点实事。

以下是我的主要观点：

**第一，广告的本质就是传播。**

广告，字面意思是广而告之，本身就是传播之意。依靠一个广告语成功的例子，很久以前是因为信息不对称，喊出去就能传达到位，成功了；现在，一句好的广告语成功了，你看到的所谓成功，纯属一叶障目罢了，这种成功是系统制胜。

以前的传播，靠大众、靠覆盖、靠集中、靠中心化；现在的广告，靠创意、靠制作、靠口碑、靠互联网精准投放。但本质还是传播，只是这种传播的路径和方式已经变化。

**第二，传播既要传，也要播。**

依靠口碑实现由内而外的传播和二次传播，这是互联网时代的传播规律，但要怎么实现这种"传"的效应呢？怎么由核心的人群带动，到达一个量级自动实现消费群的引爆？

还是需要有一些企业主导的"播"的过程。就像品牌一样，你要好好想想你是什么、你来自哪里、要到哪里去、怎么去那里？通过"播"来引爆的过程也是策划、引导的过程，当核心人群的数量达到引爆的过程，自动自发"传"的效果便可以形成。

传统传播很贵，但新媒体的传播就很便宜吗？互联网就是所谓的低成本传播吗？未必，一个大V的转发、一场网红的直播，少则几万，多则数百万，一点不便宜。

这主要取决于你的内容是否优质，能否抓住当下消费者的眼球和心灵。

**第三，有效传播取决于两方面。**

一是极致创意；二是实现精准。前面讲到输出的内容，如果还是老一套的"广而告之"，一点吸引力也不会有，还会招人反感。极致创意需要生活体验，需要策略，更需要某一刻的灵光乍现。

这是有方法的，可以锻炼，可以学习，最后你能成为一名优秀的创意大咖，这个时代，就是创意传播的时代。

我认为，这是新一代广告人、文案、策划人的春天……

实现精准，就是不乱来，不胡乱投放，要知道从哪里切入是最高效的，从哪里开始突破是最可能成功的。

**第四，传播的根本指标是转化。**

传播并不是以搞得很热闹为目的，传播是为了转化，也是为了销售服务的。也就是说，我们要核心人群知道，更要让他们感知、接受和购买。广告大师奥格威在几十年前就说过，做广告就是为了销售。这句话现在也是对的，很多广告公司、新媒体公司、传播公司，一场策划或者活动很精彩，是热闹了，但活动结束后，对品牌没有任何的帮助和加分。

这样的公司少吗？不少！以后会更多，大家要小心，那些以灌水、炒作为核心业务的公司，在未来必将被淘汰；而那些有真正实力的策划公司，如果不快速转型，也将面临新型营销策划公司的强力挑战。

因为跟销量、效果和品牌价值毫无关联的所谓策划或者推广，毫无意义。

**第五，精准营销时代真正到来。**

我说的广告时代才真正来临，并不是还在原地的十几年前不变的广告形式和载体，比如纸质媒体一定是下滑的，这个趋势无法挽回，那么写长文案的方式就要改变，因为生活节奏很快，大家的时间都是碎片化的，因此需要短文案。又因为当下信息过载，大家每天接触的信息量太大，对没有吸引力的信息基本一眼扫过，不留痕迹，策划和创意变得更加重要。

我说的新广告时代的来临，是更高一级的，更适合现在工具和方法的广告时代的来临，既然什么都是传播，那么广告作为一种传和播的方式，更加有前景和钱途了吧。

这是企业互联网转型升级时期的福气，更是着眼于互联网精准营销，实现效果和价值的新兴策划运营公司的历史性机遇。

# 第二章
## 互联网精准营销方法论

### 一、互联网营销的底层逻辑：认知能力

传统品牌营销时代，有一句非常知名的话：认知大于事实。这句话的意思是：消费者只关注自己内心认可的事物或者已经在心智中形成的概念，而不管这个概念是不是事实。

这个概念形成了定位和品类理论的底层逻辑，即不要试图改变消费者，也不要轻易地去教育消费者，而是找到消费者心智中最容易感知或者还没有意识到的部分，去发掘、引导和激发。

不管怎么说，这样的概念还是跟当时的营销水平相适应的，"认知"这个概念值得好好研究一下。认知是什么？我简单地总结为：对事物表象的深刻洞察，总结出规律和方法，用于指导实践和行动。

#### 认知是一种能力

对事物的认知，是人与人之间的本质区别。

王石能让万科成为中国地产龙头，是他对于中国市场经济的

趋势把握；史玉柱从高峰跌落谷底，又能够快速东山再起，更多的是他对中国落后的营销和产品策划的洞察，他确实高出了一个时代……

娃哈哈成长为中国食品饮料大佬，都是来源于宗庆后对那个时代的市场和营销的理解和认知。现在，互联网时代，娃哈哈很多新老产品出现问题，原因也是一样的，是对这个时代的消费、市场的认知出了问题……

这就是认知的能量和力量。

### 知易行难和知难行难

知易行难可能是我们听得最多的教育性词汇。就是说，知道一个概念和道理很简单，但要去做、去行动很难。也许，这句话放在 10 年以前非常有说服力，但放到现在就值得商榷了。

互联网时代，竞争更加残酷，关系、信息、资源更加透明，核心能力、技术要求更高。而且，现在难的是，你不但要有更深刻的认知和洞察，还需要找到破局的方法和行动的路线图。

这就是我说的，知难行难。

任何事情，如果仅仅在事物出现的层面考虑，确实无解，但如果从高一个维度去想，可能就很简单，这是策略和方法论，这就是破局。

什么是路线图？破局之后，用什么打法去执行并达成目标，这是路线图，要模块化、标准化，提高效率和打击力度。

尽管很难，但只要找到破局点和路线图，还是能够达成目标的。

## 认知大于行动

以前，我们经常辩论这样的问题，现在依然不绝于耳。如做销量还是做品牌？品牌重要还是产品重要？互联网经济还是实体经济重要？单一品牌好还是多品牌更好？其实这些问题一点也不重要。品牌重要，销量也重要，互联网和实体并不是水火不容，而是相互融合，单一品牌可以做大。

之所以产生这样的疑问和不同观点，就是认知的问题，大家看待事物的角度，以及体察事物的本质不同罢了。

以前是执行力第一，只要去做就能成功。互联网时代，单靠大胆应该不够了，去中心化、信息过载、注意力稀缺，想通过大量重复的工作获胜几无胜算。

这就需要提升认知和洞察能力，见所未见。那么，互联网时代的小而美、单点突破、极致产品就是洞察到了与传统企业营销的本质区别，不是靠重复，而是靠差异和与众不同，不是靠单纯的物质而是靠体验和心情的愉悦，以及精神和心灵的感应。

因此，现在不是执行力第一的时代了，而是提升认知能力和洞察力，思考能力升级的时代。不信，你看看现在的培训业，还讲执行力的课程吗？

当然，我并不是否定执行，没有执行，再高明的认知也是纸上谈兵、空中楼阁；而是在执行之前，要把自身的认知能力升级，所谓的升维思考、降维攻击，就是这个道理。

## 认知可以升级

从上面谈的内容，基本可以看出，我赞同认知大于行动。互联网时代，知难行难，很难一味地通过提升执行力达成目标。

认知要怎么升级？

第一，要有足够的信息量。信息怎么来？学习不可少，要不断学习，这一点，罗胖值得学习和敬佩，终生学习这个概念好啊。很多人说罗胖是生意人，生意人没什么不好，挣钱光荣，他给了我们很多新的东西，启发了我们，足矣。

第二，要有思考的技术。保持思考的习惯是很重要的，甚至是第一位的。凡事都有规律和方法，学习、创意、生活等，又应该有技术和方法。从中总结和提炼，触类旁通。当然，你还可以看一下《思考的技术》这本书。

第三，跟上大趋势。马云看到了电商和互联网的趋势，他相信，互联网能改变人们的生活方式，他成功了，这是相信趋势的力量，也是相信"相信的力量"。互联网以迅雷之势冲击社会的各行业，如果再等待和观望，恐怕就不是冲击的问题了，应该是消失和毁灭。

认知大于行动，认知为先，行动助力，祝愿大家升级成功！

## 二、从营销 4P 到 4 大解决方案

4P 营销就是我们经常说的营销组合——产品、价格、渠道、传播。因为每个英文单词开头都是 P，合起来就变成了 4P。

### 营销 4P 是营销最本质的框架

4P 的创举是杰罗姆·麦卡锡（E. Jerome Mccarthy）总结而成的，因为非常简洁、形象，所以成为所有营销人入门的分析框架，成为最经典的营销组合分析工具。"它的伟大在于它把营销

简化并便于记忆和传播"。

4P 理论虽然很经典，但也有局限，比如视角还是从企业出发，从被动满足基本的需求开始。后来也有人提出 4C、4R 等理论，但总体还是没有脱离这个可以操作的经典框架。

我们提出了从 4P 到四大解决方案，真正从顾客的角度出发，寻求更加有效、更加精准的解决方法。

### 互联网精准营销 4 大解决方案

（1）品牌升级为超级 IP。

超级 IP 是品牌的解决方案——品牌从结果变成过程，如图 2-1 所示。

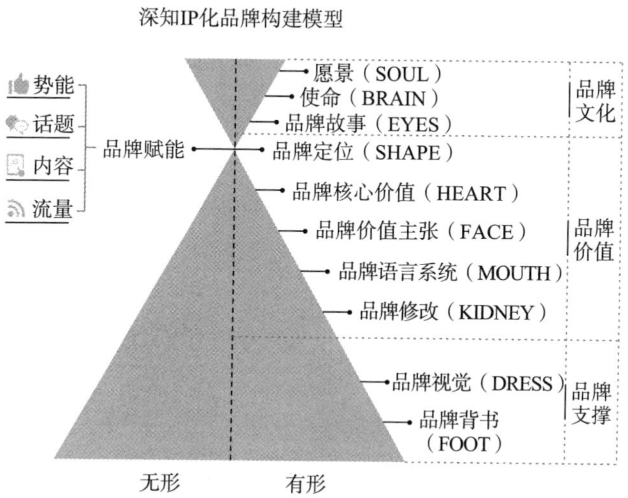

深知IP化品牌构建模型

图 2-1　超级 IP 是品牌的解决方案

（2）产品升级为解决方案。

场景是产品的解决方案——场景带来刚需和流量，如图 2-

2 所示。

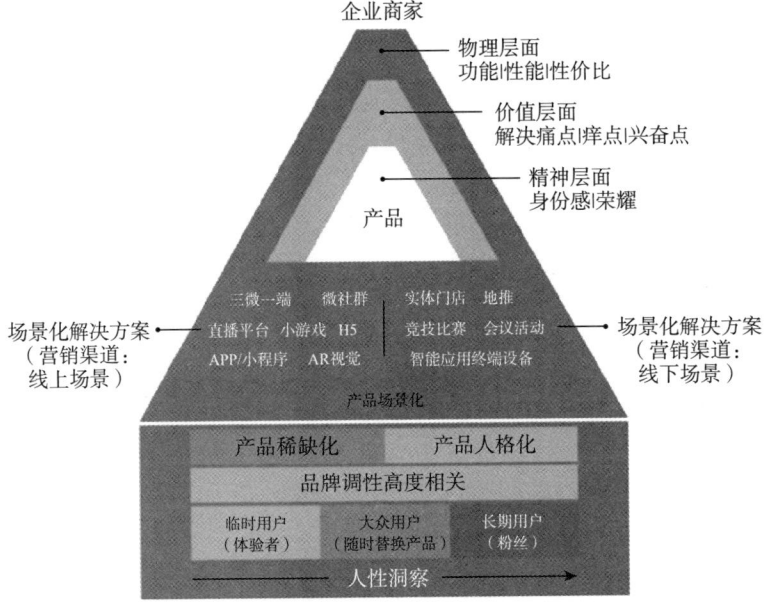

图 2-2　场景是产品的解决方案

（3）渠道升级为互联网商业模式。

互联网商业模式是渠道的解决方案——渠道和社群的动力来源，如图 2-3 所示。

（4）促销宣传到精准传播。

大数据和自媒体是精准营销传播的解决方案——用户精准触达和转化，如图 2-4 所示。

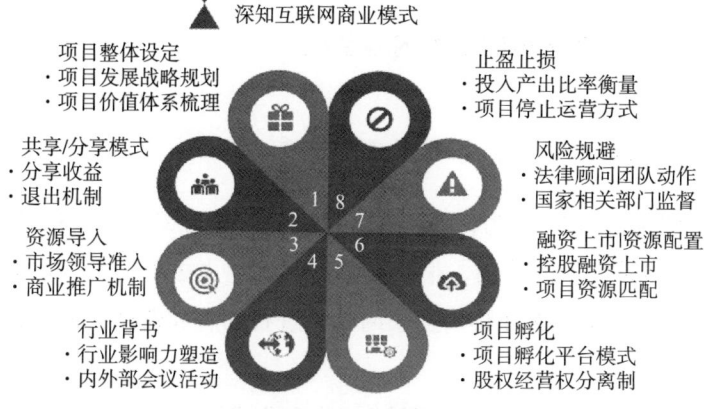

深知互联网商业模式

项目整体设定
·项目发展战略规划
·项目价值体系梳理

止盈止损
·投入产出比率衡量
·项目停止运营方式

共享/分享模式
·分享收益
·退出机制

风险规避
·法律顾问团队动作
·国家相关部门监督

资源导入
·市场领导准入
·商业推广机制

融资上市|资源配置
·控股融资上市
·项目资源匹配

行业背书
·行业影响力塑造
·内外部会议活动

项目孵化
·项目孵化平台模式
·股权经营权分离制

**图 2 - 3　互联网商业模式是渠道的解决方案**

核心搜索引擎

| 360数据 | 百度数据 | 搜狗数据 |

官网（PC端+移动端）|平台数据分析|SEO优化

智能算法

粉丝接新（吸粉工具）

用户

用户维系（用户互动）

智能算法

用户沉淀　　　　用户沉淀

行业网站|B2B网站|分类信息网

自媒体传播

内容|直播|问答|网红…

引领带动

促成交易

销售转化

深知精准营销推广模型

**图 2 - 4　精准营销传播的解决方案**

## 三、精准营销的三大内容系统

### 实现精准营销，找到确定的抓手

传统营销以 4P 为核心和抓手进行品牌、营销的塑造和建立。"互联网时代"的营销，很长一段时间企业失去了抓手，很多企业其实不知道怎么在移动互联网时代进行品牌和营销，他们感到很茫然。

企业如何实现"精准营销"？让企业不再有"有一半广告费浪费了，但不知道浪费的是哪一半"的感慨和无奈。

建立以互联网营销为基础的架构和体系，吸引、承载粉丝，提供优质的内容、服务和深度互动，这是当前品牌营销落地的有效环节。吸引流量、形成入口，聚集目标客户，进行精准深度的营销互动，实现线上和线下的相互融合和促进，进而从根本上实现整体销售转化，提升品牌及产品销量。

互联网精准营销，实现策划、模式和运营三位一体的价值，从根本上解决传统品牌营销的不落地、无考核、没效果的顽疾。

### 实现精准营销，形成工具和标准

只有标准化的东西才能实现规模，只有工具化的东西才能传承。因此，概念、工具和标准是非常重要的，不管是对个人还是对企业，还是整个社会的发展都是如此。

对企业来说，形成一整套对于互联网的传播工具和方法，建立自己的体系，才能实现品牌和销售的提升。

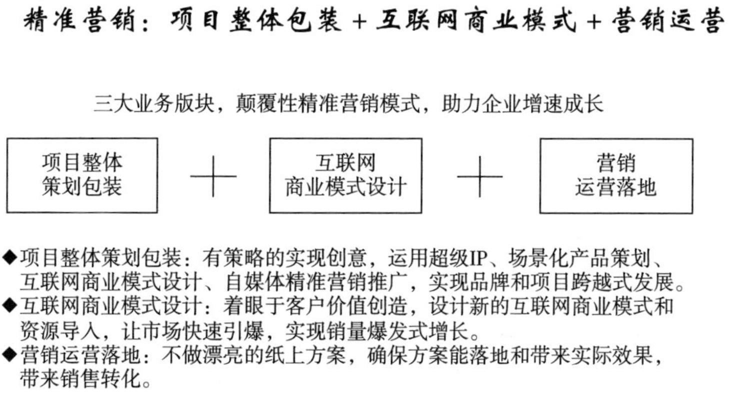

## 精准营销：项目整体包装＋互联网商业模式＋营销运营

三大业务版块，颠覆性精准营销模式，助力企业增速成长

| 项目整体<br>策划包装 | ＋ | 互联网<br>商业模式设计 | ＋ | 营销<br>运营落地 |
|---|---|---|---|---|

◆项目整体策划包装：有策略的实现创意，运用超级IP、场景化产品策划、互联网商业模式设计、自媒体精准营销推广，实现品牌和项目跨越式发展。

◆互联网商业模式设计：着眼于客户价值创造，设计新的互联网商业模式和资源导入，让市场快速引爆，实现销量爆发式增长。

◆营销运营落地：不做漂亮的纸上方案，确保方案能落地和带来实际效果，带来销售转化。

**图2-5 项目整体包装＋互联网商业模式＋营销运营**

**第一，项目的整体策划和包装。**

包括超级 IP 打造、价值体系建立、品牌背书、场景化产品策划，很多人跟我说产品很重要，谁都知道，但有产品还是做不起来。不要以为产品有多牛，你能想到的，别人也早就想到了。营销就是造梦，是为投资者和消费者创造梦想，做好这一步你的项目（产品）才牛。

做精准营销，首先需要内容输出，需要品牌和产品呈现，需要价值和背书。这一块内容我们称之为项目的整体策划和包装。有策略、有创意、系统化，策划就需要赋予项目高价值，化腐朽为神奇。

**第二，互联网商业模式设计。**

商业模式设计，不是拿自己的钱去砸市场，不是搞大传播，也不是到处找消费者而不得，需要用投资和分享模式，让资金进来，启动市场并完成造血功能，利用社会资源驱动市场和消费。

互联网商业模式，是互联网时代产品快速裂变的利器，做好核心产品，引流形成数据，由核心产品延展其他产品和业务，打造生态和平台，这是互联网企业的商业模式，也是互联网生态圈、平台得以实现的不二法则。

**第三，营销运营。**

强化招商和运营，实现项目的正常运作，不断拓展项目的边界，形成利润点。适当的时候，可以通过线下广告和推广辅助，如传统的硬广来树立形象和扩大影响力。

打造项目的闭环，让消费者变成消费商和投资者，用分享和社交模式完成消费的增值，并开发新的项目和产品，不断进行场景的延伸和平台生态的建设。

## 四、互联网精准营销六步法则

**第一步，以超级 IP 为突破，塑造人格化品牌价值。**

传统市场品牌、产品大同小异，同质化严重，无亮点特色。如传统红酒品牌定位于"高端、格调、文化"，跟大众消费和需求相去甚远。而定位于消费群，如"青春""文艺范"等，则是未来的新机遇。

互联网化品牌价值及体系梳理必不可缺。互联网时代需用品牌 IP 和人格化来解决品牌问题，塑造差异化品牌价值，让品牌成为一个超级 IP。

我们为客户塑造的"迪确美"品牌，用一个美人鱼的 IP，让一个自喷漆品牌拟人化和生动化，便于跟消费者沟通和传播演绎，发挥空间更大。

**第二步，以场景化产品形成刚需和流量。**

以场景化、人群精准定位，实现产品创新，不但是基础功能，更要成为消费者心中的一种渴望和精神的需要。用极致产品带动核心产品体系的发展，形成合力，整体带动品牌形象和销量的提升。

对新生产品而言，要实现突破，首先必须圈定小众核心社群，同时制定完整的产品规划，通过后续的系列运作实现产品流量和消费群的延展。

产品人格化：互联网时代，产品应具有生命力、情感化、消费者互动、文艺化，将产品拟人化、与粉丝互动。因此，产品表现出亲和力，才能被大众接受。

小而美：互联网时代即告别大传播时代，传统的广告、铺货已经无力能及。而如今产品即小而美，自带流量，将简单做到极致就是完美。

如深知营销从无到有为客户创建了的自喷漆新品牌"迪确美"（背靠集团公司的技术优势），就是从核心人群和场景切入，做小而美极致大单品，构建出了核心产品体系。

传统的自喷漆产品，无论什么场合、什么材质、什么人都是一个产品，低质、低价，价值感和体验感很差。我们从最核心的涂鸦人群和使用场景入手，迅速地找到核心人群，带动和激发了DIY人群的使用体验，从而能够迅速打开局面，影响大众人群，促进品牌和销量的提升。

**第三步，互联网商业模式推动渠道和销售。**

战略大师德鲁克说过：当今企业之间的竞争，不是产品之间的竞争，而是商业模式之间的竞争。所谓的商业模式主要是指顾客价值的定义、传递、获取的整个过程。

这个全新的商业模式和我们以往所熟悉的商业模式最大的不同之处在于，不再是关于成本和规模的讨论，而是关于重新定义顾客价值的讨论，关注顾客价值及其持有成本。

互联网时代的商业模式跟传统商业模式的根本差别是价值创造。没有客户价值，怎么玩都是不成立的，这是核心问题。

这就是互联网化商业模式，我们要怎么打造这个商业模式？

如我们服务的互联网平台企业，做解决方案和硬件起家的一家广东企业，硬件的解决方案主要出口，没办法做了。他又想做智能锁品牌，发现也是大品牌林立。找到一个好的切入点，才能形成这个商业模式。

最后找到智能家居里面的智慧社区，以车闸为切入点和突破口，整合了物业、小区、子公司、业主和相关利益者，而且他们都是获利的，现在已经上市，年营业额突破3亿元。

**第四步，建立百度及周边信息生态和信息沉底工作。**

移动互联网时代，百度作为信息的入口，是消费者信息获取、体验、评价和互动的第一站。包含百度生态体系的框架、内容，如百科、知道、贴吧、文库、视频等。

以百度作为信息的入口，建立百度及周边信息生态和信息沉底工作，建立消费者互动平台，同时增加搜索引擎收录量和搜索曝光率，提升品牌形象、知名度等。

**第五步，自媒体精准传播精确触达，引爆市场。**

**基础是建立以微博、微信公众号为核心端口的微营销架构和体系，以吸引、承载粉丝，提供优质的内容和服务输出，进行深度的互动。**

持续为品牌曝光、价值提升服务，引爆市场。策划与执行互联网事件营销即借势和造势，借助或者创造话题，形成消费者关注的热点，引爆市场并形成跟企业品牌、产品的关联，从而通过热点事件的杠杆作用，提升品牌、产品的市场知名度、关注度。

借势、事件营销及新媒体组合引爆市场：江小白、杜蕾斯之所以成功就是不放过每一个热点，借用新媒体运营和社交媒体与粉丝互动、发表大众传播，快速引爆市场和销售。

**第六步，品牌建立以社群及社群运营为突破，实现转化和销售。**

快速建立品牌，实现销售，社群及运营是关键环节。通过微信公众号、APP、事件营销、百度推广、线下活动，吸纳首批种子用户，建立种子社群，这也是当前品牌和产品落地最关键和有效的环节。

**不但可以形成入口，吸引流量、沉淀用户，还可以通过运营流量，让存量形成新的增量，增量带来更多增量，形成在 C 端的裂变，从根本上实现整体销售转化，提升品牌及产品销量。**

精准营销策划运营，实现策划、运营和效果三位一体的价值，从根本上解决传统品牌营销的不落地、无考核、没效果的顽疾。

**小结：**

也许这个六步法则和方法论并非无懈可击，未来也变化很快，很可能这些方法几年就不再合适，但这有什么可怕的呢？世界不就是这样循环上升发展的吗？有更先进的，自然替代落后的。

　　这也说明，我们在不断思考互联网时代营销的精准和有效，给自己压力，鞭策自己，用互联网精准营销改变中国企业及中国品牌，为迷茫中不知所措的成长型企业找到最有效和最直接的方法。

# 第三章

## 互联网时代，品牌怎么做

### 一、互联网时代，品牌消亡

#### 品类消亡，品牌无存

**第一，品类生存时间会较长。**

如果你认为100多年的可口可乐历史还不够长，你可以相信中医了，几千年历史，你总该相信吧。西医的历史才100年，算是一个新品类吧，但中医也没死啊。可口可乐的销量是在缓慢下滑，退一万步说，它的市场规模和消费群还是非常巨大的。

有人会说，诺基亚手机才20年就不行了，通信业的发展时间不过100多年，移动通信的时间就更短了，满打满算也就30年。说实在的，诺基亚已经干得很不错了。可惜，科技行业技术日新月异，品牌、品类是以技术为核心驱动的，诺基亚是大企业病，缺乏对环境和市场的感知。

要说输是输给了自己，而不是苹果和其他智能手机。另外，在大单品的推出、聚焦核心产品上，诺基亚也犯了很多错误，下一篇专门讲大单品和爆品时再分析。

**第二，不要静态地理解品牌和品类的关系。**

消费者用品类思考，用品牌选择；让品牌成为品类的代表，这些标志性的话语，反而成了中国某些所谓互联网大咖或伪互联网人士攻击的重要证据了。

前面已经说过，品类的时间不会一年就过去了，会有一个较长的时间段，不要担心，动不动考虑几十年、几百年的事情，那才是杞人忧天了。品牌，如可口可乐，不但是一个可乐品类和品牌，更是一个企业品牌，在整个品牌的架构下面还会有很多子品牌，形成一个合理的品牌组合，但并不是一成不变的，可口可乐也会推出低糖可乐、不含糖的零度可乐。

可口可乐更会收购其他未来有发展空间的企业和品牌，如魔爪饮料、椰子水、果汁、茶饮料等，并不是死守着一个有下滑趋势的可乐品类无法自拔。

关于这方面的内容，可以去看看经典的品牌管理相关的书籍和文章，我在品牌营销科普系列文章中也有详细的阐述，如《品牌管理管什么?》。

**第三，品类创新不是一个空洞的概念。**

品类创新首先来源于消费者的认知，并不是自嗨的自我想象。而且，品类是需要产品支撑的，技术不断地革新和产品不断地完善，也会促进品牌的升级和品类的创新。

千万不要认为品类创新是自己想出来的、凭空创意出来的。没人能凭空臆想出来一个伟大的品类。乔布斯发明了iPod、iMac、iPhone，都是品类创新，有天才的成分，但也绝非是灵光乍现，而是来源于他对用户需求深刻的理解和洞察，而非简单地满足用户需求。他的名言是："用户其实不知道他需要什么，直到你拿出一个他想要的产品。"

以技术、产品驱动消费，是未来品类创新、品牌强大的主要方式。这种技术，包含了开发、制造产品本身的技术，也包括推动产品销售和品牌传播的互联网、大数据和人工智能的技术。当然，也有基于大数据和人工智能的认知营销的前沿技术。

品类消亡，品牌无存，这是典型的教条、死板地看待品牌理论，品类可以创新，品牌也可以升级。

### 升维：做品牌，本质上就是做认知

**第一，形成差异化的认知。**

这个认知是基于消费者心智的、独特的，区别于其他竞争企业的。

**第二，认知是很难被改变的。**

认知经过了很长时间的积累和沉淀，短时间之内很难被改变。所以，要升级认知，理论上是可以的，现实中其实非常困难。对企业而言，要做的就是重新进行定位，或者启用新的品牌。

**第三，可强化成为品类的代表。**

形成了差异化的定位，就要让企业的品牌成为这个品类的代表。这是定位的延伸和深化，更好地维持定位的先发优势，并成为品类杀手。

我认为，在互联网和移动互联网到来的时代，才能真正称之为品牌时代。因为在这个时候，无论大企业还是中小企业，都有机会、有能力、有资源进行品牌的规划、塑造和传播。而这个时代，我们称之为认知营销的时代，这将是未来品牌营销发展新趋势。

## 二、互联网时代，品牌是什么

我认为，要认清品牌的本质，就必须搞清楚品牌的概念，概念推动社会进步，概念推动观念改善。否则，在认识上不改变，思想和观念落后，永远也无法做好品牌营销，进而从根本上也做不好销售。

那么，品牌到底是什么？

我认为，品牌首先是一种关系；然后品牌是一种信任；再则，品牌是一种烙印；最后，品牌是产品的灵魂。

**品牌是一种关系**。品牌的目的是要跟消费者建立一种关系和关联，品牌就是跟消费者关系的总和。如可口可乐跟消费者的关系总和是正宗的美国可乐，代表美国的文化和精神气质；海尔真诚到永远的温馨和服务精神，让消费者感知到跟其他品牌和产品的不同。

**品牌是一种信任**。品牌是降低消费者选择的难度，同时让消费者选择的成本降低，起到降低社会的监督成本的作用。所以，本质上是对消费者和社会的一种责任，同时也是消费者对产品和企业，甚至社会的信任。

**品牌是一种烙印**。品牌是刻在消费者心中的一个印记，这是品牌（Brand）这个词最初的来源和含义。从这个角度来说，品牌就是符号、图腾，也是刻在消费者精神世界里抹不掉的印记。

**品牌是产品的灵魂**。品牌是企业和产品的灵魂，我们发掘价值、找准定位，就是要为产品找到一个载体，更是为产品找到灵魂。其实，品牌规划最重要的就是提升产品价值，找到产品的最终归宿。

搞清楚概念，是为了更好地运用和实践。

那么，一个完整的品牌规划包含了哪些要素呢？一是定位；二是核心价值；三是品牌的个性；四是品牌主张；五是品牌背书，最高层级应该是品牌愿景和品牌信仰。它们之间的内在逻辑关系是：发掘核心价值，找到表达品牌核心价值的策略，反复传播，最后形成一对一的品牌联想。

**品牌定位**：定位就是让品牌在消费者心智中创建一个精准的、最佳的位置。

定位理论经常被人诟病，我认为是过于神化、绝对化定位的结果。比如加多宝或者王老吉就是"定位"成功的例子（我们知道肯定不是如此），但并不是定位无用！

**定位要怎么做？**

（1）品牌定位一般会运用3C模型，即通过消费者、竞争对手、企业自身找到一个差异化精准的定位，品牌规划就是在这个点上的发掘和延伸！

（2）怎么才能得出一个精准、有效的定位？或者说定位有什么规则？我认为以下几点可以参考：

- 基于消费需求和趋势，可以支撑企业的运营和发展。
- 洞察到消费者内心的痛点和痒点，他们很期待的某些东西。
- 跟竞争品牌形成差异和区隔，没人做的、竞品没有意识到的、或做不到的。
- 企业资源、团队匹配，至少可以通过努力现在或者未来能做到。
- 定位可以是功能、技术等物理层面的诉求，也可以是精神层面的诉求。除了定位外，怎么围绕定位形成配套和系统就更重要了。

**核心价值**：就是品牌带来的最核心的利益是什么？如汽车，沃尔沃的安全、宝马的驾驶乐趣、奔驰的豪华和尊贵。

**品牌个性**：品牌也具有人一样的性格特点。人有个性，品牌同样有个性。如想到百事可乐这个品牌有什么个性，你一定想到新一代的、年轻的、有激情的；想到 iPhone，你会想到这个品牌是个性的、创新的、时尚的、颠覆的……

**品牌主张**：也就是广告语，如加多宝，广告语是"怕上火，喝加多宝"。广告语一定是用一句话来解释定位，并对核心价值进行直接的描述，更好的广告语还可以给出一个购买理由，并打动和号召消费者来购买。

**品牌背书**：能为品牌带来更多的信任，加强消费者跟品牌之间的稳定关系，如企业的品牌，企业的科技实力、技术、合作机构等。

**最后，也是最高级的，是品牌愿景和品牌信仰。**伟大的品牌就是为消费者塑造一个梦想，并让消费者为之努力奋斗。就算这个梦想达不到也不重要，"从现实到梦想的距离"就是他们努力奋斗的空间。有时候，这个空间、距离并不是达到了就是最好的。永远到达到不了，可能也不是什么坏事。

理想和现实的距离，就是品牌和营销创新施展的空间，消费者或者用户并不是需要一个完美的产品，而是需要一个完美的品牌感觉。这种感觉就是品牌信仰和崇拜，这就是品牌和营销创新终极的目标——让消费者永远努力奋斗，缩短距离，但永远不能到达彼岸，而又乐在其中的那种痛并快乐的真实感受。

如奢侈品的品牌原则就是：非常人的寻常之物，寻常人的非常之物。对大多数人而言，都是非常之物，TA 想要得到，希望得到，品牌就成功了。

人与动物最大的区别是什么？梦想！人因梦想而伟大，品牌也如此！

## 三、互联网时代，如何构建品牌

很多人认为，品牌是一个销售的结果，品牌就这样自然而然形成……他们的观点大致是：关于品牌话题，其实不需要讨论概念，只要去做、去积累、去推广就可以了。还有人认为，产品做到销量最大就是品牌，品牌只是销售的一个结果；不要谈品牌理论，要去实践……

是不是这样呢？在笔者看来这些观点是不对的！

品牌到底是什么？我们先假设品牌是一个结果。那么就存在以下几种情况：

· 任何商品通过销售都能成为品牌。

· 做就是了，品牌总会形成的。

· 品牌就是不可知论，没有任何方法了。

第一种情况，大多数企业应该是可以做出产品，甚至做出名牌，很有知名度。但大部分企业做不成品牌，品牌是具有很强的溢价能力的产品，能够给消费者更多的价值、体验和感受。商品和产品在很大程度上不能完全做到这些。

第二种情况，就是我们说的，不管什么产品，只管去卖，卖好了就是品牌，品牌就是这么自然形成的。这可以形成品牌，但成功的概率可能只有千分之一、万分之一。

第三种情况，哪有什么品牌工具、方法，销售为王，渠道制胜，没有销量哪来的品牌。对不对呢？当然对，但如果仅仅从销售的角度是很难做到称王的，特别是互联网时代，产品和品牌无法分割。从品牌的角度来思考产品，助推产品的销售，效果可能更好。

另外，互联网工具论和品牌工具论道理是一样的，并不是销售和渠道能解决一切。但都需要提升到一种思维方式和思考方法。销售有方法，品牌也是有方法的。

为什么说品牌是一个过程？以下是笔者对品牌是一个过程的解读。

**首先，品牌是过程**。品牌是一个进化的过程。品牌是不断地优化、进化并与时俱进的过程，并不是一成不变的。根据市场发展，企业有多个品牌架构模式，单一品牌、母子品牌、主副品牌还是多品牌。

品牌定位就是企业只能推单一品牌吗？当然不是。格力单一品牌做到1000多亿元，不也开始推出晶弘和大松品牌了。进化的过程，不但有品牌的架构，还有品牌的工具和方法，后面会谈到。

**其次，品牌有目的**。品牌的根本目的，就是要提升产品价值，让产品畅销、长销、高价销。品牌、品牌营销是让短期的销售更加有持续性，增加消费者的好感和体验，形成品牌资产，增加消费者的信任，降低消费者对价格的依赖，增强对渠道的话语权和控制力。

**最后，品牌有方法**。

·构建完整品牌价值系统。

·品牌赋能。详见本书中的"互联网时代，品牌是什么"和"超级 IP 是品牌的解决方案"章节。

互联网品牌塑造的模式，**如何构建一个有信仰的强大品牌？**

两个手段：第一个，"由外而内"的战略构建；第二个，"由内而外"的品牌传播。这也是互联网时代的品牌塑造之道。

**"由外而内"的战略构建**。是要充分了解消费者的痛点和痒点。痛点是消费者能够自然察觉的，在物理的产品层面能够满足就行了，痛点比较容易发掘和满足；但消费者不单需要产品满足物质层面的需求，更需要满足心理的需求，也就是精神层面的体验和满足，也是消费者内心的渴望。如买一个奢侈品的包包，不但是买质量、做工、款式，更是要满足其内心精神上"平常之人的非常之物"的需要和渴望。

**"由内而外"的品牌传播**。是基于移动互联网的特性，先调动企业的一切内部资源，形成良好的传播氛围。先要自己认为好，自己都认为不好的东西，是没有传播效果的。先聚焦到一个小群体，形成口碑，即让这部分人成为品牌和产品的粉丝，让他们成为口碑传播者、代言人去影响他们的圈子，不断扩大品牌和产品的影响力。而传统的品牌传播则相反，先要求广泛的知名度，然后逐渐收缩包围圈，找到精准的人群。这样做不是不行，而是成本很高，"广告传播费浪费了一半"，就是这个道理。

由内而外的传播路径是：先口碑，形成内层的粉丝，粉丝去影响其他人形成传播效应，最后形成广泛的知名度，成为一个消费者喜爱并有良好体验和口碑的品牌。

品牌，是一个基于思想、工具和方法的塑造过程。

## 四、制定品牌战略三部曲

到底是做产品还是做品牌？品牌重要还是产品重要？做好了产品，品牌就形成了吗？**现在，这些问题其实都不是问题，简单粗暴地说：我们需要做品牌，消费者购买的是品牌，非常确定！完全没有做品牌还是做产品的疑虑和分歧。**

先说微观，再说宏观。

微观方面来看：

**产品同质化，品牌差异化。**我认为，这是很好理解的，产品的外观、功能、材料、工艺、技术，都是很容易被模仿的，但品牌却很难模仿，或者基本不可能被模仿。学苹果的小米，依旧是小米；学保时捷的众泰，还是众泰。除了产品的基本属性之外，情感和精神属性就是品牌的发力之处。产品的所谓差异化，一定是短期和短时间的，而品牌才能实现真正的长期差异化（心智）。

**消费升级，体验增强。**物质极大丰富，生活品质提升，消费者需要精神的愉悦和体验。消费者需要买一个产品的功能，来满足核心的需要，但除了基本的需要之外，其情感和精神的需要则是产品外延的重要属性。

消费升级实际上不是把产品卖得更贵、价格更高，而是要充分把握消费者或者客户的内心需求，做到不断满足需求，激发消费者内心的自豪和荣耀感，赋予其品质和品位，跟其生活方式和品格结合，这才叫消费升级，这也就是品牌的作用——彰显价值和品位。

**品牌要成为品类的代表。**消费者以品类思考，以品牌选择，做到差异化的根本和极致就是要让品牌成为一个品类（新品类）的代表，或者是"品类杀手"，这样消费者要购买的时候，第一个就想到的就是你的品牌。

**快速、精准。**互联网精准营销快速精准的触达消费者，成就品牌。

**中国企业营销发展经历了三个阶段，即将到来的是第四阶段：互联网精准营销时代。**

**营销第一阶段：产品（技术）＋销售（推销）。**这个阶段，企业基本处于比较"原生"的状态，企业以产品和技术为主，加上一些销售方法和手段。最典型的案例就是福特说的："不管市场和消费者需要什么颜色的 T 型车，我只有黑色的。"这是典型的生产思维，那个时代供应不足，只要生产出来产品就行了。

当然，生产阶段发展到现在的混合状态，还是有很多企业开始注重产品和技术，他们深知，把产品品质做好是基础，再通过人员（团队）推销和强化销售，也取得了很好的业绩。

产品＋推销，最大的问题是生产导向和企业视角，有好产品加上推销（销售），市场就会接受，企业便有业绩。产品＋销售这个阶段，中国的消费类企业应该不多了，工业品企业（大客户营销）、制造业企业还存在相当的数量，可能现在还不足以致命，但已经危机四伏。如果不尽快变革，客户流失、市场下滑，企业衰亡是必定的！

**营销第二阶段：产品＋渠道。**这个过程，除了重视产品品质、技术要素和销售（推销）外，企业开始加强销售网络建设和终端的抢占，可以说这个阶段是中国营销的典型模型。正是因为对渠道的重视和终端的掌控，消费品领域诞生了众多的大佬级企业，如前面提到的娃哈哈、康师傅和加多宝。

不过，产品＋渠道的阶段，也将要全面成为过去式了。因为很多时候，对渠道和终端的掌控，表面上是掌控了渠道、终端，但仍然忽略了营销上最重要的原点：消费者。

广告、推销之后，进入到了渠道和终端的混战，很多年前，《销售与市场》上有人质疑：终端之后，怎么办？现在观点已经非常鲜明，终端之后，就是品牌营销时代的来临。

最好的例子前面已经讲过了，消费品大佬集体进入到了下滑甚至恐慌，因为时代已经变了，还是固守二三线市场的渠道，缺乏主动创新和消费者洞察，业绩下滑，甚至大幅下滑是不可避免的。

**营销第三阶段：品牌＋营销。**品牌营销真正解决消费者价值问题，这是真正的消费者和客户思维。不管企业的产品有多好，技术有多强，渠道和终端多么喜欢企业和其产品，最后的价值一定是消费者的价值，只有这个逻辑通了，才有企业的未来。

**营销第四阶段：互联网精准营销。**精准触达，快速实现转化。项目整体策划＋互联网商业模式＋运营落地，小企业在资源有限的情况下也能快速实现品牌的提升。

**中国企业品牌战略三部曲：**

**第一步，在哪里？**

就是现在企业的品牌营销处于哪一个阶段，很多企业处于"产品＋销售阶段"。

**第二步，要去哪里？**

要去到"品牌＋渠道"阶段。如一家企业做 B2B，只需要面对终端大客户（主要是代理商和终端大客户）能达到"品牌＋渠道"这个阶段，已经算很好了。

**第三步，怎么实现去那里？**

集团公司可能有很多品牌，品牌架构要怎么确定，用什么品牌模式，子品牌又用什么模式？这是品牌战略。销售、营销恐怕解决不了这个问题。最终实现：品牌＋消费者。

**品牌的整体规划。**包括定位、形象、个性、核心价值、广告语、品牌背书等，在第一篇文章《什么是品牌？》已经分析过了。

**指导产品的开发。**所有的事情其实只有一件，就是品牌战略的指导下进行相关的工作，产品也是一样的，在品牌战略下进行产品的开发。

你们说我讲理论，我现在讲一个我操作的经典案例。

广东一家做高端护栏的企业，原来的品牌定位很模糊，产品也杂乱无章。护栏是主导产品，但高层认为护栏的客户和消费者关注度不如大门，决定主要宣传别墅的门……高端护栏，市场关注点，特别是代理商关注点是材质，如铝艺、铁艺、锌钢等材料，他们就将自己定在了材料上。

经过缜密的内访和外调，我们建议客户主打高端护栏，而且结合客户的优势、消费者和竞争状况，给出了"高端艺术护栏设计者"的定位。道理很简单，市场处于高速发展期，行业集中度还不高，大企业也不多，你的主要优势或者未来几年，甚至十几年依旧是高端护栏，把护栏做成第一不代表不做其他的品类和产品。

接下来，产品按照高端艺术和设计者两个维度进行改造，主要是按照建筑艺术风格类型进行规划，别墅的建筑风格可分为四大类：古典、中式、新中式、田园。

**艺术。**传统文化和西方文化结合，以传统的吉祥文化为主进行开发，顶端的产品系列为艺术大师系列。

渠道的开发和一整套打法，模式、策略、政策、标准化。还是以上面的案例进行阐述。品牌营销其实只有一件事，品牌战略确定后，进行了体验店的改造。原来的名字是××家居体验店，其实很模糊，有歧义，也不好理解，我们在品牌战略的指导下，重新进行了品类的定义和创新，定义为：栏艺——栏杆的艺术！所有的策略、展示、装修、产品组合，都围绕艺术和设计进行。

**传播**。既然是艺术，是高端艺术护栏的设计者，找国外一个气质跟乔布斯相似，艺术和智慧并重的但不出名的人来代言，有些像"慕斯"代言的那种感觉。以"艺启动未来（营销天下"为主题的新战略和招商大会大获成功，代理商和媒体都惊呼，护栏还可以这么玩啊？

**团队培训，改变思维和观念，加强执行**。最后，还是要说一下团队，这家企业网的团队执行力一流，也是保证项目落地的关键。不要总说怎么策划不落地，落地需要从内部开始，并以甲方为执行主体，只要乙方的策略到位，配合甲方、指导执行就算到位了，咨询策划毕竟还是智囊和顾问，不可能代为执行，喧宾夺主。也就是说，甲方首先要有相应的配合机制和对接的组织架构，然后是强有力的执行团队。我感觉，这个项目能获得如此的效果，真的感谢这样的强悍和快速反应的队伍。我们所做的规划，全部以超出我们想象的速度落实了。

品牌营销不是简单的"品牌＋营销"，品牌营销是在确定品牌战略后，以品牌为核心的企业整体战略营销，不是割裂为品牌和营销两个部分，是在品牌为主导下的企业整体营销系统打造。

品牌营销不是很多企业家认为的，先做品牌，再做产品，然后再做设计、渠道、传播……其实，品牌营销是在品战略指导下进行以上的系统思考，是一个整体，我们其实只做了一件大事。那就更不要说，品牌是一个设计、一个包装或者是什么 CI（MI、BI、VI）或者一个推广活动。

品牌营销解决的不仅仅是产品短期销售定位问题，而是基于长远，解决品牌和产品的畅销、畅销、高价销！

## 五、模仿，怎么成大品牌

对于很多中小快消品企业来说，模仿一个大品类比创新一个小品类，在很多时候要靠谱得多。

大品类大市场，对小企业而言，市场和消费群是现成的，只要策略得当，坚持做下去，肯定可以成功；而小品类虽然有机会，但需要长期的培育，风险很大，成功的机会很少。

互联网时代，大企业新品开发，要立足在小品类市场的突破和培育，而小企业的产品开发，要选取大品类的市场去模仿创新和切割。

模仿成熟大品类产品，需要强调两点：一个是策略性；另一是持续性。策略性包括消费群认知、市场（渠道）区隔、包装差异化；持续性则包含持续聚焦、节奏把控、市场扩展。

**第一，策略性。**

**消费群认知。**选择一个有广泛消费群认知的大品类，而且这个品类属于绝对的超级大单品，市场容量大、市场控制力强，竞争强度却不大。如维生素功能饮料红牛、植物饮料加多宝、植物蛋白饮料椰树椰汁、维他奶等。

这些市场看似牢不可破，实际上中小企业找准策略，可以实现大逆转。

做大市场的切割者，比做小市场的培育者难度小得多。市场和消费群是现成的，就看你怎么去切割和突破了。创新往往只要很小的一个动作，就能实现颠覆。如椰树椰汁，近30年包装也没什么大变化，市场竞争也不温不火，椰树也一直是行业的绝对领导者。几年前，一个"生榨"的概念横空出世，特种兵和欢乐家迅速崛起，其中特种兵椰子汁更是实现了年销售额10多亿元，一时之间椰汁言必"生榨"，成了行业创新，区别于传统椰粉勾兑的代名词。

**市场（渠道）区隔**。当然，仅有这个认知和创新还是不够的，还需要有市场和渠道的区隔，在这方面，东鹏特饮做得最好。红牛作为行业的领先者，一年销售额200亿元以上，主要市场在一二线市场，而东鹏特饮将目标市场定义在二三线及以下市场，成功地避开了跟红牛的正面冲突和竞争。

在渠道上，红牛主要集中在 KA 和连锁便利店，而东鹏特饮却在小店做得非常棒。大家知道，饮料的销售终端主要是小店、小终端。

在价格上，同样容量 250ml 的产品，红牛主流终端价 5.5~6元/罐，东鹏特饮终端价 3.5 元/瓶。

**包装差异化**。我认为，从 PET 包装的切入是东鹏特饮成功最重要的一点，没有之一。如果从罐装切入，成功的可能性几乎没有。类似这样的例子太多了，三九凉茶的罐装对抗王老吉罐装，失败！娃哈哈启力罐装对抗红牛罐装，失败！但改成 PET 包装，成功的概率提高，东鹏特饮 PET 对抗红牛罐装，成功！和其正 PET 对抗王老吉罐装（加多宝），成功！

为什么会成功？这里不想过多去分析，简单地说，就是当一个产品的包装成为品牌强有力的一个组成部分，甚至是该品类的代名词的时候，你还出一个一样的包装形式，基本就算交代了。

**第二，持续性。**

**持续聚焦。**持续聚焦在单品上，持续聚焦在核心市场上等。除了上面说到的那些变化，还有不变的，那就是口味适应性，甚至是红牛用过的广告语，基本上算是直接借用了。当然，始终围绕在能量上进行强化认知，更加聚焦到点上，如提神抗疲劳，最近又提出新的聚焦年轻人群的传播点：年轻就要醒着拼……

这些持续的品牌运作和建设，让东鹏特饮这个模仿红牛的品牌有了自己的特色、性格和核心价值。红牛也聚焦在能量的传播上，从功能到场景到精神层面不断升级，强化能量认知，就是要让能量等同于红牛的品牌。

东鹏特饮围绕能量认知一直在找"点"，那个打动目标人群的"点"，可以是场景，也可以是理由，更可以是一种精神。

我一直认为，东鹏干得不错。

**节奏把控。**市场是有节奏的。20年磨一剑，从聚焦 PET 大单品，年销售额 30 亿元，做成行业仅次于红牛的品牌，也算是功德圆满了。但能抓住红牛续约不畅的时机，适时推出金罐产品，确实是把握了市场的节奏和销售的节奏，非一般人能做到，令人佩服之极。模仿和创新切换这么自如不成功都难。你看，相对于娃哈哈和战马饮料的时机把握和节奏的掌握，高下立判。

简单地说，通过 20 多年的市场和品牌运作，东鹏已经具备了挑战红牛的品牌基础和市场基础，在一二线市场，消费者对东鹏特饮的看法已经发生了非常明显的变化，不再是模仿、山寨的印象，推出金罐是水到渠成的事情。

**市场扩张**。在二三线市场（一线市场也有二三线市场分布）做了这么多年，作为中小企业也要走向一线市场的。还是东鹏的例子，借助于金罐，就可以顺势进行全国一线市场的重点进攻。

大致的思路是：第一波，旺区旺点为主，结合大卖场、超市和连锁便利店；第二波，抢占封闭渠道、厂区、工业区终端；第三波，小店、小终端的强力覆盖。如果在深圳这样的市场，从外围扩展到中心城区也是不错的选择。

### 结语：

大多数小企业要模仿市场中畅销的大品类，数量虽然很庞大，成功的案例却不多。

模仿要修成正果，成为名副其实的大品牌，总结一下，需要做到以下几点的变与不变。第一，变化的是形态，不变的是认知；第二，变化的是节奏，不变的是专注。

包装、形态、渠道、价格都是可以变化的，而且一定要变化，才会产生差异性，才能从老大的市场中实现虎口夺食，进而抢占市场。不变的是对于能量的消费者认知，如核心关键点：抗疲劳、恢复。什么时候都需要抓住，不能轻易变化。

一个变化就是节奏，什么时候做什么事是最适合和最恰当的，什么时候推出新品，这些是极为考验市场决策者的；不变的是专注，专注在能量上，不断在能量的命题中发掘出核心的诉求，进行强化，如东鹏的年轻就要醒着拼。

互联网时代，既然中小企业能够通过小品类创新获得品牌生机，更加能通过模仿大品类成就大品牌的梦想。

东鹏特饮就是一个很好的经典标杆案例。

## 六、超级 IP 是品牌的解决方案

产品、营销、人性相结合，洞察人性的细微，赋予产品场景式解决方案，用 IP 化品牌解决消费冲突进行连接，以互联网商业模式助推业绩转化，这就是互联网营销解决之道。

IP 是品牌的解决方案，这里主要讲怎么打造品牌 IP。

**第一，品牌 IP 的原点：内容和话题能力。**

我们讲产品的原点，就是要让核心消费群、重度消费者有很强的黏性，这样就可以从极致产品延伸到场景、产品 + 商业模式，最终形成产品体验生态，提升企业品牌和销量。

那么，怎么让品牌形成内容能力和话题能力，就是品牌 IP 化的原点。无需我们自己去创造内容，而是消费者给我们创造内容和话题。

杜蕾斯从来不缺话题，不缺内容，一旦有热点事件，第一时间就能看到它。不过，很多时候并不是小杜创作的，而是网友脑洞大开，以小杜的名义创造的，真是高手在网络。江小白的文案也算一绝，也经常是引发网友的大讨论，不好喝的酒，怎么还那么火，经久不衰，以至于我写了一篇易守难攻的文章被人追着骂了几天，实在是冤枉。本来我是说江小白的好话，但人家不看内容，直接开骂，你看看粉丝的力量，跟酒好不好无关了。

你要问，挖掘机哪家强？中国山东找蓝翔！这个广告语已经响彻大江南北，不需要再做广告了，我们主动帮它在传播。

这些就是品牌 IP，也就是品牌 IP 化了。不用你自己去创作什么内容，网友自告奋勇帮你创造和生成内容，还乐此不疲。

**第二，品牌 IP 的人格特征：品牌人格化。**

品牌就是一个人，有故事、原型、个性、调性等，我们要进行相关的挖掘和规划，赋予品牌性格，并进行人格化演绎来解决消费群的连接，塑造差异化品牌价值，让品牌成为一种精神的化身和象征。

品牌人格化。褚橙是人格化的品牌，是褚时健人生起落数十年的励志精神；江小白也是人格化的品牌。

有一点可以肯定的是，未来人与人的联系会更加社群化和圈子化，他们需要的是跟他们行为、思维模式相一致的产品和品牌，能代表他们的生活方式、品质和品位的产品和品牌。

而以上这些将融入他们的生活和一切，那么，谁能做到？这些都是活生生跟他们一起的人，也就是产品的人格化。当然就不是孤立、孤傲、冰冷的产品和品牌的形象。

我们为客户塑造的"迪确美"品牌，用一个美人鱼的 IP，让一个自喷漆品牌拟人化和生动化，跟消费者进行多场景式沟通和演绎，就有很大的发挥空间。

**第三，品牌 IP 连接能力：自带流量与势能。**

小品类为什么难做？因为没有流量，因为不是刚需，因为不是高频，因为价格贵。原因太多，就是因为你缺少链接能力，没有具备销售的势能。营销，营造势能，实现销售。

国酒茅台，为什么很快成为中国第一个市值破万亿的酒企，就是因为茅台已经是一个 IP。限制三公消费后，茅台依然销售坚挺、供不应求，为什么？IP、流量、势能、价格越高越好卖，追涨心态，不是价格问题，而是价值和稀缺性问题。这个问题看清楚，你才能明白茅台为什么好卖。

茅台每年 2~3 万吨的产量，自然被追捧。想想看，市场上流通了多少茅台，该有多少量，很可怕，你懂得。

强大的势能和流量，实现了跟消费者的连接，高效的连接和转化赋予势能，让茅台在品牌和营销上高歌猛进。

**第四，品牌 IP 的社群化：洞察核心人群心理。**

极致产品是没错的，小众也不可怕，可怕的是，很小众，但消费者没有黏性，消费者不关注，这样就没办法形成由核心人群的突破和影响力，也带不动从小众到大众的突破，更不可能有什么转化和效果。

这就需要考量消费群体的心理，或者是消费群的亚文化。

例如我们为自喷漆品牌"迪确美"先期规划了从涂鸦人群进行突破，但效果不好，后来从家居防霉、防潮切入，一下子摸到了市场的阀门和开关。

道理在哪里？就是中国没有涂鸦的氛围和亚文化圈子，自然带不动其他人群，更不要说大众了。国外则有很强大的涂鸦艺术人群和氛围。中国却有汽车发烧友，有家居控、手机控，因此才有了小米、江小白这样的品牌。

这就是深度洞察了消费场景之后，我们看到了亚文化群体的魅力，这些群体是有驱动力和带动作用的，小米、江小白就是这样成功的，而不是说这个手机有多好，酒有多好。

这个手机和酒对它们的粉丝来说，有多好用和多好喝不重要了，对小米粉丝和江小白的粉丝来说，这些产品就是最了解他们、最懂他们的伙伴，这难道还不够吗？

**第五，品牌 IP 的仪式感：品牌赋能。**

理想和现实的距离，就是品牌创新施展的空间，消费者或者用户并不是需要一个完美的产品，但需要一个完美的、人格化的、真实的综合感觉，这种感觉就是品牌人格化的信仰和崇拜，也可以称之为是一种"情怀"或者品牌终极的"关怀"，这就是营销"终极"的目标。

这就是仪式感，一种向往，一种促动你内心和精神的东西，也叫作痒点和兴奋点。

劲酒也在餐饮渠道建立喝酒的一种形式和仪式感，我觉得也算是一种场景仪式感的应用。

**超级 IP 是怎样养成的?**

本质上是让品牌能形成独特的内容能力，自带话题势能，自发传播，形成口碑，连接用户。过程是让小众精准的人群带动大众人群，进行人格化的演绎，进入到消费者或用户的生活方式中，最后能促进业绩提升，商业变现，如图 3-1 所示。

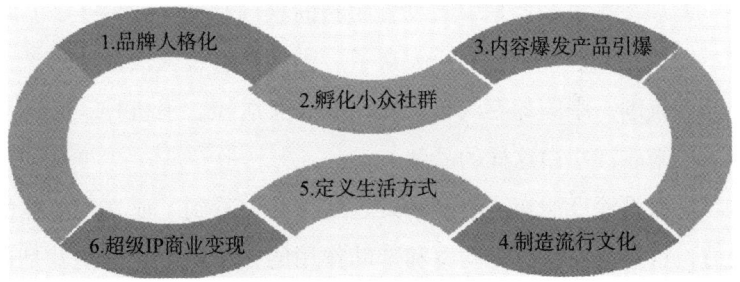

图 3-1　超级 IP

# 第四章
## 互联网时代的产品及解决方案

## 一、回归产品的原点

为什么要回到产品的原点思考问题，但又不能停留在产品的功能本身，而是需要洞察核心消费需求，用极致产品升级到整体的商业模式，驱动市场的发展，最终做大品牌和销量。

回归产品的原点来思考问题，但不要仅仅停留在思考这个层面，不要喊口号，我们需要找到方法。

### 更高维度看回归产品

互联网时代回归产品的原点，已经远远不是回到产品本身进行营销这么简单了。而是要从核心需求和极致产品，找到引爆市场和用户的点，这个点是引爆点，也是破局点，更是持续做大、放大的点，升级到场景下的产品＋商业模式。

**互联网时代的产品的三个层次：一是功能产品；二是价值产品；三是体验产品。要从功能上升到体验，从价格上升到价值，如此而已。**

前面讲过的案例，小品类怎么做？不是刚需，不是高频，怎么办？这就需要转化一下，进行整体的包装策划，用场景的方式塑造即时需求，这也就是流量来源，就变成了场景下的刚需。

例如爆米花平时不好卖，在电影院可以卖得很好，高端水平的渠道不好卖，但在娱乐场所很好卖，还很贵，这就是为产品塑造一种场景，场景之下就是价值，价格不菲。

**所以，场景化产品就是流量，就是刚需，就是解决方案。**

### 为什么要谈回归产品

任何品牌和商业模式要成功，要有活力和持续性，就一定要回到这里来。不是因为大家都需要一个基础的载体，而是用什么来满足消费者，如果品牌和模式不依附于产品，那只能说这是一个骗局。

回到产品本身，就是要让模式落地，要让品牌和新商业模式更加有生命力和持续性，这是永远都不能逃避的规律。

传统营销的达成办法是：品牌找差异，产品找卖点，渠道找方式，推广打广告。这个逻辑就是，通过广告打动消费者或者代理商，再通过渠道推动销售，最后是整体的市场拉动，推拉结合打通市场和消费者的连接。无疑，这种单纯运作产品形成品牌的方法是低效的，或者对大多数品牌和产品来说，已经无效。你看，新媒体已开始卖文案进行销售了。

那么，更新的解决思路和方法是怎样的呢？

### 产品＋商业模式

把产品装在一个模式里，用新模式带动产品的销售和渗透。

通过对产品和品牌的整体策划和挖掘，构建整个品牌和产品的价值体系；再整体装到一个模式之中，让投资人先进来，投资人带来的是资金和流量，也就是说，既是投资人也是消费者；吸引更多人参与推广产品和品牌，最终形成自然销售，当然线上和线下的市场也要适时推进，完成市场的合理布局。

不要总是盯着产品销售，要放开一点思路。如果你做一个小品类的保健白酒，有全产业链优势，技术和功能一流，这个产品要怎么卖？你可以做成几个产品包或者解决方案，针对老年人的健康大礼包，包含产品、旅游，保健酒的保健功能，旅游的放松休闲，产品就转化了，价值也高了。当然还可以设计养生产品包、亲子产品包解决方案，你来消费也是投资，设计一定的消费分红奖励就更好了。

相当于找到了消费者，又找到了投资者，消费者消费、观光、旅游，还有回报，非常有意义，何乐而不为。这个时候消费者就不再一味地关注价格了，因为有体验和价值感。

营销也不一定要从消费者和终端开始，15 年前，《销售与市场》杂志的一篇文章，震天一问：终端之后怎么办？怎么办？

我认为，互联网商业模式设计、资源匹配、运营落地就是最好的解决方案。

模式好设计，但往往会流于空想乌托邦，要实现落地，就必须有相关资源的匹配和资源的导入，另外还有一些互联网技术的实现，这才是模式落地的关键环节。

以上，主要讲了为什么我们要回到产品但又不能停留在功能上，要结合消费升级，洞察消费心理，上升到产品 + 商业模式的高度，进行整体的运作，做大品牌和销量。

## 二、产品第一不是口号

伟大品牌的核心是产品。营销管理大师菲利普·科特勒的教诲回响在耳边，但时间已经进入到了移动互联网时代。也就是说，不管时代如何变化，其实很多东西是不会变的，比如人性、商业规律和承载品牌的产品，这些一直都在那里，任凭时代变换，雨打风吹去……

如果第一个人说产品是核心，是基础，是一切营销思考的原点，比如菲利普·科特勒说的，我觉得是大师智慧。但现在我们还是喊口号：产品是核心，是基础，那就是愚蠢，是这个时代最正确的废话之一，因为它们什么问题也没有解决。

既然产品是核心，是基础，是原点，那么要怎么做产品呢？

### 互联网产品开发逻辑

有人说没有什么互联网思维，我不以为然。就像他们说产品第一，是核心、是原点的道理一样，传统营销也是这样的，不信你看看4P，产品也是排第一位，怎么不是渠道或价格排第一位呢？

互联网时代，确实有互联网思维这么一回事儿，而不仅仅是工具，因为在观念和思维层面，还是有诸多不一样了。退一步说，就算把互联网当作一种工具（用技术描述更恰当），那也是跟以前的操作方法全部不同了。

这个时代，产品开发的逻辑是什么，是不是成本加权，是不是竞争导向，是不是市场研究，是不是拍脑袋？

我想这些都是过去式了，取而代之的是产品功能的退化，也就是说，用产品来满足消费者最基础的物质需求的属性在退化。比如之前很火的一些网红产品或者网红店铺，甚至是网红直播，不单单是给你提供一个产品，而是基于产品的仪式感、氛围或者其他。

由基础物理属性、功能属性到文化需求、社交和精神需求，这才是未来产品开发的逻辑。

未来一切产品，都是具有社交属性和精神内涵的产品。

### 互联网产品策划原则

卖贵的东西，这是消费升级给你最直观的感受。如果你真这么认为，那我恭喜你，你很年轻，对，too young too simple。

卖贵的东西，注定是难以做得足够大的，小而美的产品永远是创业者的理想或者托词。要做大，就要找到产品普适性下的差异化，这个度是很微妙的，恐怕不是调研和探讨就可以找到的，需要感觉、灵感，更需要时间和实践。

你看，三只松鼠、喜茶、江小白这些品牌都不是诞生在一线城市，诞生地都在二三线城市。

这说明了什么道理？

· 卖贵的东西不是消费升级，且没有可延展性和可复制性。

· 找到广泛需求之下的差异化及路径。

这就是互联网产品策划的原则。

### 互联网产品策划方法

产品理由化：给消费者一个理由，其实就是给消费者找一个购买理由。移动互联时代，卖点提炼的原则如下：直接、简单，有刺激性、煽动性，也就是要号召消费者来购买。

如加多宝的卖点——预防上火；特种兵椰子汁的卖点——卖

点生榨……所以，产品卖点的提炼就是给消费者一个购买理由，这个阶段就是做到说动消费者！

产品价值化：赋予产品从卖点到整体价值支撑的提升，让产品不仅仅停在一个单薄的卖点和一句空洞的广告语上。价值化，包含卖点、支撑、USP、包装等。只有完整地呈现价值和价值支撑，才能做到全面的说服；只有全面的说服，才能让消费者购买甚至推荐他人购买。

产品场景化：移动互联不断跟线下的融合，产品的形态不仅仅是一个实物，可以是跟场所的融合，也可以是一个创意、一个二维码，跟某个场景的结合，一下子就抓住了消费者的心。

如咖啡 + 商务 = 星巴克、咖啡 + 闲聊 = 慢咖啡等。

某心理学研究认为：广告只有出现在问题的当下才会有效，如果需求没被激发，宣传再多也收效甚微。

如高端水，要销售好，就需要提供一个消费场景和场合的结合，跟生活方式和解决方案的结合。

产品体验化（人格化）：产品体验，要从终端、云端到社群的三重体验，打造完整的产品体验。要从最基础的卖点和价值支撑，上升到人格化和体验化。

这方面，可口可乐做得很好。可口可乐从 2012 年开始，不断做出"惊人之举"，先有昵称瓶，后有歌词瓶，后来又为可口可乐一个即将上线的网站征名。

一个百年品牌，用到了在国内最时髦、前沿的"卖萌营销""参与感营销"，着实让人眼前一亮。在产品不变的情况下，可口可乐让自己更个性、更娱乐和更有体验感，使得品牌和消费者沟通力更强了。

产品解决方案：中高端矿泉水的例子。

消费者要购买任何产品，其实都需要有一个充足的理由，特别是高端的产品、功能差异不大的产品更是如此。做水大家都清楚，诉求原产地、矿物质成分、讲个故事、搞一款高大上的包装……这些其实没有什么差异化了。

我认为，给消费者提供一个解决方案才是根本。

如早上第一杯水就不错，是一个解决方案，也是一个场景，但这还不够，因为只有大众化的水才能成功，要做高端，就要对某一类人说，解决某一类人的问题。

如体育锻炼、跑步运动等。如果有一款水专门是为他们定制的，会不会做起来，我觉得比什么原产地、矿物质、讲故事、搞包装要好吧。

## 三、做爆品还是大单品

一些专家说，大单品的时代一去不返，现在是爆品时代了。我不知道他们是怎么定义大单品和爆品的，总觉得有些过火。他们的观点是，全国性大单品将不会存在了，一个产品卖十几年也将不会出现。以后的产品是情感型的，情绪性爆棚的产品……

乍一看，还真有几分道理。但如果真要深入分析，你会发现这些都是表面现象。大单品一定会存在，爆品也仅仅是中小企业或者初创企业引流很好的战术手段。

什么是大单品，什么又是爆品？

### 爆品的核心思想是流量和价格

什么是爆品？金错刀先生的定义是"引爆市场口碑的产品，

甚至是一个单品"，简单概括为"极致单品、杀手级应用、爆炸级口碑"；其核心思想归纳为：痛点、爆点和尖叫三个法则。

他的理论简单可以说成：找风口、找一级痛点、找核心用户，并引起他们的尖叫和口碑。当然，这在互联网时代的品牌传播上也没什么错。我在拙作《移动互联时代的品牌营销策略》一书中提到，现在的传播是由内而外的传播，过去的品牌塑造则是由外而内形成的。

爆品思维总显得有些投机和机会主义倾向。每天想着怎么找风口、找痛点，而找到的所谓的一级痛点很可能是"伪痛点"。相反，在品牌战略层面欠缺考虑，则会落入到迷茫之中。小米遇到的最大的困境，并不是产品没有痛点、不极致，而是在品牌层面上犯了严重的错误。

品牌低端化之后，什么极致产品、生态圈、用户口碑都受阻，我赞同一些营销专家说的：未来产品一定是个性化、品质化和情绪化的。但需要回到品牌层面赋予认知，要更多地注重精神感受和体验，这才是我们说的品牌战略。

不管你用什么爆品来做，一个低档化的品牌和形象，怎么能让追求品位和品质的用户接受，怎么面对消费的升级？产品可以解决一部分问题，但总体上还是勉为其难。

大单品可以是爆品，但爆品则不一定能成为大单品。

### 大单品的核心是价值和体系

这是我对大单品粗浅的定义和诠释：基于整体品牌战略之下的大单品是有销量、有规模的产品（但反过来就不一定）。大单品有市场地位、有利润，更有影响力和话语权。

大单品能够让企业快速突破销售瓶颈，达到另一个量级，促使企业由量变到质变。大单品带动企业其他产品销售并形成销售势能，优化产品结构、促进产品集群的形成。

爆品则主要立足于流量思维，跟电商的爆款比较接近。如成本价或低于成本价，功能或者体验的极致，靠"羊毛出在狗身上，猪买单"的思维，如小米，硬件不赚钱，靠软件和服务收钱。

大单品则是立足于价值思维，积累和沉淀核心能力，要销量，更要市场地位和话语权。不但是一个单品，更要以大单品为主导形成大单品组合。

总有人拿福特T型车说事，其实，这只是以生产为中心、生产导向之下的产物，并不是什么传统时代的爆品。T型车的诞生，只能说明在当时还没有什么营销的概念：只要有供给，就有销售。

### 爆品是战术，大单品是品牌战略的产品落地

大单品一定会在很长的时间和空间的范围内存在。不管是区域还是全国，也不管是大众还是小众，我觉得都会存在大单品。只不过未来小而美的品牌也会有机会崛起，但这并不影响大单品的形成。

互联网可以赢者通吃，互联网也可以孕育个性化的小众品牌。原则上我更看好企业的大单品战略。这几年，没有做好大单品的公司，基本上是风雨飘摇，业绩大幅下滑。

有些营销专家很悲观，认为娃哈哈、康师傅的业绩下滑是因为这个时代大单品的机会不存在了、做不起来了，而每年做起来

的都是他们认为的爆品，时间很短暂，不久就会消失。

大单品的重要性不言而喻，大单品难做，跟大单品一去不返没有什么关联，也不是因为这些食品饮料大佬销售下滑了，就证明大单品时代过去了。如果像农夫山泉一样做产品，还是可以做出行业性和全国性大单品的。

我要说的是，正是因为大佬们没有任何创新和引领意识，才造成了他们的大单品失败，正是大单品的失败，造成了业绩的大幅下滑。如果企业每年搞出几个爆品，没有任何的积累和持续性，企业又要怎么壮大、成长。

我永远不相信主要是宏观环境、天气因素、假冒伪劣、互联网、电商对消费品企业大佬造成了致命的威胁，我认为，对他们最大的威胁是不改变、不创新，没有跟上消费需求和市场竞争的变化。

大单品在企业发展中更加有价值，是基于整个企业的品牌战略之下才能形成大单品及体系。爆品立足于流量，一上来就是极致、取代、颠覆，这是违背规律和常识的。对于很多产品而言，不是电器、不是手机，也不是充电宝，你是极致了，但不赚钱，如果一个产品不赚钱，又不能通过服务和应用来赚钱，那要怎么做？

如果一瓶饮料，你做得很"极致"，成本价20元，卖5元，又怎么通过服务赚钱？所以，不能一概而论地要"极致"，思想是很好，是要以用户为中心，要创造价值。

对了，谁说定位理论只关注自己和竞争，不关注消费者？谁又说定位理论就只有"××领导者""第一"这样的词汇，是因为很多人说懂定位、批判定位，实际上基本不懂定位，更不要说能运用好定位，做出成功案例了。

## 四、互联网时代怎么定义大单品

### 大单品定义和界定

大单品一定是有销量和规模的产品（但反过来就不一定）、有市场地位、有利润，更有影响力和话语权。大单能够让企业快速突破销售瓶颈，达到另一个量级，促使企业由量变到质变。大单品不是一个产品，它可以带动企业其他产品销售并形成销售势能，优化产品结构、促进产品集群的形成。

### 大单品产生的条件

**（1）符合消费大趋势。**

消费者喜欢什么，需求有什么变化，这是需要把握的。所谓的消费者洞察，做到这一步，我想就不需要什么市场调研了。走访市场，特别是做消费者问卷的时候，我经常冒出这样的念头：你问消费者这个好吃吗，他说：还可以！这个怎么样？他说：不错。这能得出什么结论？所以，需要行业的沉淀，别人帮不了你太多，做营销、做策划，很怕客户问：你觉得我该干点什么？我怎么知道你该干什么？

这两年，在快消品领域，对市场的把握，统一明显好于康师傅和娃哈哈。把握了清谈饮料需求的大企业及一些小企业都发展迅速，而靠等待和模仿的企业，怎么也没有了往昔的气象。

**（2）有认知基础、消费群基础的新品类。**

一个产品如果没有形成或很难形成消费者认知的产品，不具备大单品气质，或者消费群不可能形成规模，则基本不能形成大单品。大单品一定是一个创新的品类。比如娃哈哈小陈陈、格瓦斯为什么不能成为单品，基本是因为口味太小众，口感的普适和个性需要有一个平衡，这个很难把握；另外，渠道、宣传、团队配合也是关键。

**（3）切中主流价格带并形成优势组合。**

我们做产品，并不是一个概念，也不是做一个包装，而是最终要转化为消费者的购买。包装、概念等我们称之为产品两极中一极：静销力，最好的产品是，买了还要再买，介绍给别人来买。另外，还有一极，价格带和价格体系和各种生动化等，我们称之为产品的动销力。

怎么理解这句话？什么叫主流价格带上形成战略优势？比如我们要做一款大众化的瓶装矿泉水，如果终端定价2元/瓶，你认为能做起来吗？不能！因为怡宝、娃哈哈、农夫山泉一大波全国强势品牌在等着你，你在哪一方面有优势？如果没有，你凭什么低价或者跟他价格相当你会赢？这就是战略上无优势！

如果终端价格定在3元/瓶如何？我们来看看，目前高端水终端价主要集中在3~5元/瓶动销较好，超过5元/瓶销售规模就很少了，目前卖得好的3元价格带的是景田百岁山，4~5元价格带的是昆仑山；恒大冰泉做了2年，4元左右卖不动，终端价直接降价到2.5元/瓶。

从价格带上看，3元是最好的切入点，但如果是新品牌，无资源、团队、品牌的支撑，短期内难有大的销售规模；如果短期要上量，3元有难度。综合考量，2.5元/瓶是最优选择。

·避开了红海2元这个纯净水市场价格带。

· 提升了渠道的推动力（后面会详细阐述）。

· 2.5 元终端价低于 3 元/瓶的瓶装水销售上量的分水岭，短期能上一定销售规模。

什么叫形成组合优势？小瓶和标准装，一个 2.5 元，一个 3 元，既可以保证避免陷入 2 元的红海，又不至于落入 3 元以上短期难以起量的所谓"高端"价格带陷阱。

### 保证"面"上和"点"上的优势

**（1）做好产品的动销力：动销力上保证"面"上的优势。**

什么叫动销力？就是产品让消费者主动买走，形成回转和二次购买。这首先取决于消费者对"价格带"的接受程度。如上面提到的矿泉水，4 元和 5 元的终端价，消费者普遍接受困难。也就是说，这不是主流"价格带"，消费的价格和价值难以匹配。如果是 2.5 元，既能跟普通纯净水区隔，也能形成销售规模，这就保证了动销形成。

动销一定要形成"面"上的优势，有足够的消费群，处于主流价格带之间，且能接受该终端价格。所以，动销因此而来，销售因此而来。

紧跟着就是陈列、生动化、宣传推广，跟消费者深度的沟通，让产品的价格跟价值形成关联，并深化产品和品牌的价值。

**（2）做好产品的静销力：静销力上保持"点"上的优势。**

什么叫静销力？产品的包装、产品的卖点、品牌形象，给渠道设置的毛利等，让产品自然地在渠道、终端流通，完成吸引消费者并购买的过程。在这些要素中，对消费品特别是快消品而言，最重要的当然是渠道的力量。

所以，对于新品牌而言，最重要的是要有毛利上的优势，也就是说，在这条营销和渠道的价值链上，首先要解决渠道利润分配的问题，再解决其他的"点"的问题。也就是说，要保证"点"上的优势，这是销售工作的基础，更是动销的基础。

当然，这并不是拍脑袋而来的规则和结论，需要我们分析自身的能力和资源的匹配性、竞争品牌渠道利润的构成，以及消费者接受程度。

做到以上三点，定价成功，这就是所谓的定价定天下，而不是搞一个终端价即可，也不是分析了竞争品牌、行业、消费者、自身，又从自我理解的层面搞出一个利润加成。

## 五、互联网时代的大单品实践

在《健力宝品牌复兴之路在何方》一文中，我有如下的判断：健力宝衰落最根本原因固然有跟不上时代的潮流、消费者流失严重、品牌严重老化的问题；也有体制、产权、政府的干预、领导层不稳定等问题，但从内核看，我认为都不是最关键的问题。

当然现在情况更复杂，统一已经收购了健力宝，健力宝的品牌复兴难度更大，原因我就不说了，没有哪个品牌被外资收购了，还被主推的。

那么，核心问题是什么呢？

我认为主要就是两点，一是老品牌的复兴；二是大单品带动品牌重生。后者是重中之重，目的就是要借力大单品，重塑品牌形象，并形成新的大单品体系。这两者相辅相成、相得益彰。

**我们先说健力宝这个老品牌的复兴。**

**核心一：回归和聚焦运动本质**。品牌复兴，对健力宝而言，其实就是品牌重新定位和品牌激活。健力宝经典的产品还是罐装和 PET 瓶装，我看到，现在包装上的广告语是：老朋友，新力量。问题还是很明显，把经典老产品定义为"老朋友"是有问题的，毕竟现在喝饮料的主力消费群是 90 后，甚至 00 后，健力宝留给"老朋友"的印象应该是 60 后和 70 后，80 后基本都没有什么记忆了。也就是说，这个广告语很难打动主流饮料消费者。

这不仅仅是产品宣传的问题，其实核心就是品牌定位问题。从企业自身角度来思考问题，就会出现这样的尴尬。单纯地追求时尚、脱离体育运动本身，使健力宝直接面对国际大品牌两乐的竞争，而运动饮料的差异化优势得不到体现，健力宝沦落成为一般的碳酸饮料。这样赤裸裸地去跟国际大品牌去竞争、比品牌、比渠道、比团队和广告，当然几无胜算。

因此，健力宝最核心的问题是脱离了其运动精神的品牌内核，健力宝生来就是跟运动结缘的，没有了运动精神的内核，衰落是必然的。

回归运动功能饮料，不要单纯地做时尚和跟风。健力宝偏离运动这个内核是品牌战略最大的失策，运动是一种精神，并不是定位于运动就是要给专业运动员使用，耐克永远都在讲运动的精神，但大众还是喜欢这个品牌。国产的如安踏、360 都是围绕运动来做的，也获得了成功，而李宁却偏离了运动的本质，跑去做泛时尚，结果呢，惨败！

**核心二：打造战略大单品及体系**。为了体现时尚，跟时尚有交集，健力宝近年也推出了许多概念化和时尚的产品，可惜，消费者对这个品牌无感，跟风的产品、没有思想的产品自然难有作为。

健力宝的经典产品如何升级，这是当务之急，而不是一次要推出几个新品、没有品牌基础的产品，没有创造新价值的产品，不是主流价格带的产品，都是炮灰，甚至还没上市就已经死掉了。

所以，我提出价值的"四项标准"，**其实就是重新定义价值。包括消费者偏好、品类创新、高品质、有情怀。我认为，健力宝完全可以做到，甚至可以超出顾客的期望。**

路径：首先是包装，包装可以经典，但不可以老土，要进行升级，包括瓶型；其次是从产品的卖点上要更加有打动力，不要那种软绵绵的广告：老朋友，新力量，太没有号召力了。广告语就是要号召大家来买，所以要观点鲜明、直接，给出一个消费者痛点的解决方案，至少要给出一个购买理由。如运动补水来一瓶！打造运动补水的概念，围绕这个核心概念做深做透，推出经典款，罐装和 PET 的组合；新品可以结合当下的清谈饮料，也以运动、功能补水为核心切入，跟其他清谈饮料区隔开。

价格上，总体以高质高价为原则，但同时参照主流价格带原则，不能完全脱离主流，并形成组合优势。

经典的产品，也就是大单品，终端价格要在主流价格带上，PET 不要高于 4 元，罐装 3.5 元；新品如清谈饮料价格可以适当偏高，主要是 PET 为主，终端价在 4 元以上。经典的产品＋创新的产品，2 个大单品带动整个体系发展，并围绕"运动补水"的概念跟其他竞品形成区隔。其好处是，跟其他碳酸饮料区隔开了，同时提升了自身的竞争力。

## 六、小品类，市场怎么做

最近碰到很多这样的客户，他们面临基本相同的难题：小品类要怎么做市场？这些客户中，有些是初创企业，有的是刚刚开始筹备，还没有成型的产品，也有的是大型企业要转向另外一个新的领域。

很多小品类的产品并不是没有市场，而是决策者在犹豫不决中丧失了逐步做起来的机会；也有消费分散的因素，让决策者陷入无休止的彷徨之中。

**什么是小品类？低频消费、低认知度、低关注度，核心表现是没有强需求。**

现在，小品类要做怎么做营销，怎么卖出去，就尤为重要了。

撸起袖子干，非常重要，但在此之前，我们还是需要有一些策略。

### 聚焦人群

小品类，既然小，那么，从人群的切入是可行的，也是唯一的方式。我已经说了很多次，以前，靠广告狂轰滥炸的时代一去不复还了，而且明星代言也在丧失效果。这是互联网的时代，品牌的塑造方式发生了很大的变化，营销工具和方式已经不再是以前的套路。

聚焦人群，就是找到一个跟消费者沟通的方式和突破口。

比如一些小众和冷门的保健品和饮料（最近看到很多这样的产品，如石斛、虾青素、莼菜、鱼腥草等），很难一下子做到传统渠道去。道理很简单，一是因为消费者没有认知；二是需要大力度进行消费者的教育，没有长时间的努力，效果不好；三是饮料的传统渠道需要很大的资金量支持。

聚焦一个人群的好处是容易接触消费者，比较精准、直接，而且这些人群消费跟产品吻合，通过这个人群的标杆和带动，能较为迅速地打开销售局面。还有就是传统渠道的代理、二级分销，可以有量，但终端消费者分散，难以动销，时间一长，压力会很大。

### 赋予认知

定位人群相对容易，但还需要经过几个步骤的配合，这几个步骤是决定小品类能否顺利做起来的关键。

罗胖在 2016 年的跨年演讲中，讲到一个概念：认知税。我个人觉得这节讲得很好。搞清楚概念很重要，是为了更好地运用和实践。我宁可把罗胖的认知税理解为心智的占位，也就是品牌的定位。

也就是说，我们要用一个差异化的概念和定位，让人们接受和认可我们，就这么简单。我们可以创造概念，制造热点，但一定要被接受和消费者认知，凭空自说自话和自嗨毫无用处。

大部分人没有形成喝饮料止咳认知的时候，你去做大众止咳功能饮料基本上会失败；大部分人没有喝饮料用来抗氧化的时候，你去搞个饮料告诉他喝了可以抗氧化，没人会理你，这就是认知。

哪些人有这样的认知呢？这就涉及场景下的"痛点"挖掘。

### 发掘"痛点"

聚焦到了人群，赋予认知之后，第三步就是找到某些场景下的"痛点"。比如牙膏品牌，佳洁士和高露洁找到了防蛀的痛点；云南白药牙膏找到了"预防牙龈出血"的痛点，这些都有高度的认知，云南白药在民间就有强烈止血功效的认知。

比如中国的茶，永远在讲悠久的历史和文化。但如果还是沉浸在悠久的历史和文化中不能自拔，那就只能忍受整个行业一年几百亿的销售额，而一个立顿就顶得上整个中国茶企了。

原因何在？

其一，个性化定制、少量多品种模式，一定很难逾越标准化、流程化和工业化的模式。

其二，单纯高端定制产品，属于公务和商务型消费，一旦政策收紧和环境不利，自然销售下滑，这些方式都是不可持续的。

整个行业的痛点在哪里？时尚起来！举个例子：场景下的洞察——小罐茶。

小罐茶就是洞察了一个场景：一罐就是一泡，出差、办公，方便、卫生、有档次；当然更深层次的洞察就是送礼也有档次和概念。制茶大师监制，八位大师敬你一杯小罐茶。一下子跟其他的茶区别开来，有场景、有背书，差异化，真的很棒。

### 创意产品

人群、认知和痛点解决以后，我们还是要回到最核心的部分——产品。都说产品是基础。

我们针对这些人群怎么做产品？要做有很强创意的产品！

第一步，创意产品名称、包装，跟消费群身份和喜好吻合。

第二步，如果是食品和饮料，需要做好口感和口味，适当的大众化的口味。康师傅的浓浓为什么不好卖，因为太像茶，难喝，消费群定位失败；茶π为什么迅速做成 10 亿元以上的销售规模，因为消费群界定精准，00 后的口感、创意的包装。

有人说，当你想不到什么差异的时候，包装也是一种差异。小罐茶也算是包装差异化的大师了，一罐一泡，八位大师，非常好。

第三步，形成大单品的战略体系，一般大单品会占到整个企业该品类的 30% ~ 50% 的份额。（以后在大单品一节中阐述）

### 引爆传播

对于现在的小微企业而言，要想马上进入到传统渠道还是很难的。线上社群是不错的选择。但要怎么做，大多数企业并没有深入的研究。

霍普金斯在其巨著《科学的广告》一书中说，我们并不是在推销商品，因为叫卖基本是没有用的。我们要怎么做？霍普金斯的绝招是：提供服务，更多的有价值的服务。你看看，罗胖的得到 APP 今年才转型升级为"知识服务商"，而 100 年多前，霍普金斯就告诉我们，要提供更多的有价值的服务。大智慧相通的道理，可见一斑。

不管怎么样，每天在朋友圈或微信群发几篇广告或者刷屏并不是在做传播，而是一种无价值的骚扰，因为没人会打开这些链接。

什么才是有价值的传播？

**做成一个事件**。公关事件也好，广告也罢，但一定要能制造出话题。

**借助一种势能**。小杜的借势不得不说是社交营销做得最好的，没有之一。借势可以让小众更快地扩展到范围更大的相关目标人群。

**制造参与感**。借助核心消费者的参与，激发大众的热情，让大众参与进来，引爆传播。

## 七、场景是产品的解决方案

### 一年 10 亿元，小罐茶和江小白为什么会爆红？

最近，小罐茶几乎突然爆红。在互联网浪潮席卷中国大地之时，我们看到传统的终端和卖场，小罐茶已经全部抢占，而且还销售不错。

我出差外地，在很多城市都看到小罐茶的专卖店、专柜。很多专柜还跟 8848 手机摆在一起，这都是营销奇才杜国楹的手笔（好记性、背背佳、E 人 E 本、8848 手机、小罐茶）。飞机上的航空杂志也推出了春节礼品版的小罐茶，几个不同的茶可以自由组合。

很多人跟我说，小罐茶这种产品，做不长的，真正喝茶的人，不会买小罐茶，因为很多茶不能放很久，就是当季喝才好喝；还有人说，小罐茶一罐 4 克，真正喝茶的人都知道，铁观音、毛尖、竹叶青，都需要 7 克以上才有味道……

他们说得很专业，也很有道理，但是，消费者懂这些吗？这个茶，还真不是卖给那些懂茶道和茶文化的喝的。

很多人又会骂我，你是小罐茶的托吗？这是忽悠，产品做不好，怎么会长久？

可以肯定地说，我不认识小罐茶的任何人，当然他的幕后操盘手杜国楹更加没有谋面了。

如果大家还是停留在传统的产品本身谈文化，谈营销，谈品牌，那就活该你的产品被互联网、电商和新模式打压，也许就明白了这样一个惨痛和触目惊心的事实：**中国几千家茶企不如一个立顿。**

**这足以看出，中国茶企业的困境和无奈。**

小罐茶是靠广告轰起来的吗？表面看是的，但只要稍微分析一下，它的方法还是很巧妙的，至少是另辟蹊径，化腐朽为神奇了。央视的垃圾时段，又被杜利用了一把，效率和效果极高。

我一直在想，为什么茶叶、白酒这些品牌除了说产地、文化，基本就无所作为了呢？这种传播不也有很好的转化吗？

当然，产品是重要的，也是基础，但你不能仅仅从功能或者文化上来谈产品。而是从消费者、从使用者、从场景和精神层面来看产品。

场景是产品的解决方案，小罐茶的做法你是不是有点受启发？

一罐一泡，大师之作。

**互联网时代，中国的茶企要怎么做，才能赢得消费者？**

从年轻人群入手，产品是什么，再举一个例子：江小白。

我的一篇文章《有人提问：江小白的营销模式，最终结果会不会和锐澳鸡尾酒一样？》这篇文章阅读迅速破万，评论100多条，但很多人都是不看好江小白的，但这并不妨碍江小白成为年销售10多亿的青春小酒。因为已经是IP或超级IP。骂的人，都不是江小白的核心消费者。所以：**场景就是流量，场景就是刚需。**

**品牌要年轻化，要做成一个超级IP。**白酒都是文化沉淀，除了高大上的茅台还是一路猛进，其他中档白酒日子不好过，茅台就是一个品牌IP，自带流量，但其他白酒呢，很难了。江小白另辟蹊径，打造了一个青春小酒，一年也可以做到10个亿。

**很多人说这个酒不好喝，但这些85后，90后哪会喝什么白酒啊，他们喝的是一个场景（聚会、社交场景）之下的心情和心情的释放而已。**

配合场景和文案，江小白一路高歌在新场景和新品类的路上。

**产品很重要，场景下的产品才重要；什么是刚需，场景之下才有刚需。**

**创造消费新场景：**

小罐茶大家看到过它的广告了，营销奇才杜国楹的杰作。背背佳、好记星、E人E本、8848钛金手机，都是他做的。

有人可能会说，这些广告很令人生厌，但你要知道，这些产品为什么会火爆？从专业的角度来说，这是奇迹了。但背后的逻辑是什么？

**其实小罐茶最核心点就是两个：**

其一，创造了一罐就是一泡，这就是场景消费，场景之下，你就是消费者，这个茶就不是选购品，而是必需品了；

其二，这个包装高大上，有概念，很适合送礼，实现了跟其他产品的差异化。

因此，茶叶的营销也是没有固定套路的，你可以年轻化，也可以创造一种场景，还可以建立自己的超级IP。最后，不要像小罐茶一样去央视做广告，疯狂地去砸出一个市场来，因为人家的套路不一定适合你。

## 八、场景化产品策划的4种方法

**第一，产品是什么？**

我认为应该包含三方面：一是物理层面的产品；二是价值层面的产品；三是精神层面的产品。

物理层面的产品：功能、性能、性价比，是最外在的东西；价值层面的产品，是痛点，是解决消费者问题的方案，一瓶水解决生理层面口渴的问题，然后解决价值问题、高性价比，还是高价值感。除了这两个方面，还能给消费者带来什么？也就是体验和精神层面的产品，一种享受或者身份感，或者荣耀……这就是产品的精神内涵。

随着生活品质的提升，人们消费一种产品，除了购买功能外，还需要购买价值，有时候还要一些精神享受。

这就是产品的概念和定义。

**第二，互联网时代的产品逻辑？**

我之前经常说，江小白不是靠卖文案实现一年 10 亿元的销售额，它是靠洞察消费者，形成场景的解决方案，这才是核心。

很多人说，江小白不好喝，但你要知道，喝江小白的消费者是谁，他们的内心需要什么？仅仅是一杯白酒吗？

江小白不是靠什么文案制胜的，而是深刻地洞察消费心理，靠场景化产品的解决方案，触动 85 后和 90 后的内心，让他们找到了一种聚会时候的宣泄和释放。

这才是江小白的产品和营销逻辑。

去年开始流行的小罐茶，一罐就是一泡，很好的产品场景化解决方案，你可以用来送礼，有面子；你看看，你们讲文化，讲产地，人家已经跳开这些，用大师背书，场景化产品，解决了数十年解决不了的问题，八位大师敬你一杯小罐茶……

**第三，品牌化是产品的最好选择吗？**

产品品牌化，也就是我们常说的品牌营销，不仅仅要卖产品，还要给消费者塑造和建立一个伟大的品牌，品牌是产品的灵魂，赋予产品更多的价值，使产品具有溢价能力。

用一句话来说：让产品畅销、长销、高价销。

这样的方式已经在世界和中国长盛不衰几十年，未来还有更好的方式来进行产品的策划和营销吗？

是的，有！

**第四，场景化产品塑造，未来产品塑造最佳方式。**

**规则一：解决消费者痛点、痒点和兴奋点。**

消费者为什么选择你的产品，一定是产品或者服务高效地解决了什么问题，但又不仅仅如此。也就是说，不但满足基本的功能需要，还要给消费者提供某些额外的东西，如仪式、向往、身份，甚至梦想。

比如美图秀秀是一个修图的工具，解决了你日常修图片不方便的痛点，但它还不仅仅是一个修图工具，它还解决了你的日常社交，晒自拍的痒点和兴奋点甚至尖叫点。

这就需要深刻的领悟、洞察产品背后消费者的逻辑和心理，总结出来，不是代替消费者思考，而是代替消费者描述。

**规则二：产品和品牌调性具有高度相关性。**

褚橙做成励志橙，是跟其创始人褚时健分不开的。人生总有起落，精神终可传承；锤子手机的成功，也是因为产品有了精神的内涵，让品牌活起来，更加富有生命力。

**规则三：产品产生稀缺性。**

品牌要差异化，但在信息透明、竞争充分的网络时代，怎么样才能实现差异化？很难！差异化需要上升到另外一个层面，就是稀缺性。

赋予产品情怀，跟精神需求层面相联系，这就是我们之前说的差异化，也就是现在我们谈到的稀缺性，时代在变，人性不变，人性的东西总是稀缺的。

**规则四：让产品人格化。**

褚橙是人格化的，是褚时健人生起落数十年的励志精神；锤子科技也是人格化的，罗永浩的死磕、工匠精神，永不服输的斗志。

去中心化，媒体碎片化之后，消费群也被割裂，细分为各种社群和人群，有一点可以肯定，未来人与人的联系会更加社群化和圈子化，他们需要的是跟他们行为、思维模式相一致的产品，能代表他们的生活方式、品质和品位的产品和品牌。

**规则五：产品场景化。**

让产品成为一种场景。场景是产品的逻辑，更是互联网时代产品的解决方案。场景产生流量，场景形成刚需。

**规则六：产品成为梦想的化身。**

理想和现实的距离，就是产品和品牌创新施展的空间，消费者或者用户并不是需要一个完美的产品，但需要一个完美的、人格化的、真实的感受，这种感觉就是品牌人格化的信仰和崇拜，也可以称之为是一种品牌终极的"关怀"，这也许就是营销"终极"的目标。

# 第五章
## 互联网商业模式设计

### 一、你的实体店不行了

最近几年，大家说得最多的是互联网对实体经济的冲击，造成很多零售店铺关门、倒闭。这种论调之所以流行，是因为这种观点迎合了当下中国实体经济的困境。表面看似有些道理，实际上似是而非。

从事营销和策划 10 多年以来，确实见过很多实体店铺关门歇业。可以说，80% 以上的实体店铺倒闭、关张跟互联网、电商的关系不大，甚至根本没有任何关系。

#### 快消：毫无关系

比如啤酒行业，业界将主要客观因素归结为：旺季气候；经济大环境、政策限制"三公消费"、替代品的影响。主观不利因素归结为：低廉的产品和包装形式，不利于日益增长的非现饮渠道和消费行为。

我认为，这些当然也是一些"因素"，但绝非核心因素。

从客观上看，天气会影响啤酒销售，但最多是区域销售增长变缓，不可能出现行业基本面的下滑；另外，青岛和百威都分别实现了增长，难以解释主要是天气原因。政策，如限制"三公"、酒驾入刑等，前者对啤酒销售基本没有影响，后者在酒驾入刑前期有短时的影响，后期基本适应，影响非常小。如果说，因为酒驾入刑政策的颁布影响了啤酒行业的增长，甚至导致行业下滑，真是滑天下之大稽了。

从主观原因看，有一条说的是正确的，那就是随着互联网、移动互联网的发展，消费者本身和其购物行为发生了很大变化，渠道结构、对产品的期望、饮用场所都发生了很大的变化。如果啤酒还是那个啤酒，包装形式还是那个包装形式，当然会被消费者抛弃了。

你说，这些跟互联网也没有什么关系吧。

### 服装：关系不大

如李宁，这几年的日子不好过，就是因为太注重渠道数量而非质量，而忽视了环境的变化、消费者的变化。90后李宁的定位，要年轻化李宁，并不是不可以，但贴标签的行为是无用的，反而得罪了80后的主力军。在整体的品牌策略上，李宁越来越偏离品牌所代表的运动精神。

据说，晋江运动品牌德尔惠也宣告破产，道理是很类似的，不是互联网的冲击，而是在于不改变，老方法失灵，要说有影响，也是因为互联网思想不够，互联网方法不足。

这些实体店铺和品牌跟互联网也没有什么关系。

## 餐饮：根本无关

除了团购和外卖等网站外，跟互联网看起来最没有关系的还是餐饮业。但为什么这些餐饮终端也是变化无常，你方唱罢我登场。你仔细看，某条街和商圈，经常变来变去就那么几家。

这些店经常转手，消费者没有积累、客情关系也没有沉淀，恶性循环。

为什么很多餐饮店开始生意还不错，后来不行了。一个是新鲜感换口味；一个是因为打折、促销形成的，过后恢复原价，优势荡然无存。

餐饮店商业模式很重要（如木桶饭模式、中央厨房模式、流水线作业模式、个人作业模式、高性价比模式），但你的特色（品类）、品牌、口味也是非常重要的。脱离了餐饮基本的属性和规律来谈价格，也是离死不远了。

餐饮店的倒闭跟互联网的关系也不大，纯属自找的。

这些年看到的这些实体店倒闭，只跟自己有关系，跟互联网关系也有，但不是你们认为的那种关系。

跟互联网的关系有吗？也有，就是要革新，用互联网的思维和精神去做实体店，但不是无谓地变来变去。比如餐饮的商业模式问题，做了10多年的木桶饭，现在衰落了；做了10年的长沙家家米粉，也开始逐渐消失了，本质就是商业模式开始落后，这种形式过时了，核心是产品不能满足现在的客户需求，没有品质和口感的满足，这种实体店是该升级了。

互联网对实体经济有影响吗？有，但应该很小。对零售有影响吗？表面上看影响很大，实际上还是没有多大影响。为什么？

那是因为对零售影响最大的不是互联网，而是现行的土地政策，地价那么高，零售租金自然水涨船高，传统零售毛利也不高，自然难以为继。

要怎么做？土地政策我们无能为力，能想到和做到的只能是互联网了。实际上，我们需要将互联网工具和思维的方式用到传统的零售行业，姑且认为这是马云说的新零售吧。

**互联网跟实体店到底有没有关系？**

说没有，其实还真有！怎么做？

用互联网精神和互联网思想来进行实体店品牌营销的全方位打造。而不是仅仅把互联网看作一个工具、渠道和传播。把"**互联网＋实体店**"变成一种全新的思维、颠覆思维、系统思维和融合思维，将传统的品牌塑造过程进行融合，提升效率，加强沟通，让品牌和产品活化、人格化，更有沟通力。

**体验化**。让餐饮实体店的品牌和产品不单单停留在物质和功能层面，将其上升到体验、文化、精神层面，从价格比较到价值比较，最终上升到整体的消费体验。如海底捞的体验，超乎你想象，自然赢得口碑。

**场景化**。移动互联网不断跟线下的融合，产品的形态不仅仅是一个实物形态，也可以是一个创意、一个二维码，跟某个场景的结合，抓住了消费者的心。有一个雨代码的案例，中国香港的雨季，为了给市民推销去菲律宾度假，一个线上销售机票的公司用一个下雨天出现在路面上的二维码，让销售额增长了40％。

**IP化**。让餐饮实体店品牌和产品成为一种人格和精神的象征。让品牌都带着精神而来，充满了正能量和打动力，赋予了产品和品牌深刻的内涵。未来的销售入口是人格化。什么是IP？自带流量，形成自主话题和品牌势能。春晚每年很多人都说不好看，但形成了话题和内容，你说一年不如一年，但你总是会关注；江小白不好喝，但年轻人聚会还是用它，大家还是讨论它的文案如何出彩，这就够了，它们的传播没有成本，甚至负成本，因为大家主动在传播它。

**人性化**。让餐饮实体店产品和品牌具有人性的光辉和光芒。深度洞悉客户的痛点和痒点，让消费者或者客户成为品牌的坚定拥护者和口碑传播者，成为一种品牌信仰。还是海底捞的例子，你带孩子去吃饭，小孩睡着了，还会给你提供一个婴儿床，什么是营销额管理的本质：人性化。

## 二、商业模式进化论

彼得·德鲁克说："当今企业之间的竞争，不是产品之争，而是商业模式之争。"移动互联时代，商业模式再度成为热点，产品、商业模式、运营成为互联网企业的利器。尤其是在企业发展到一定的用户规模，需要商业变现的时候，商业模式成为企业获得倍速发展的一个加速器。

**第一阶段：商业模式画布阶段。**

传统的"商业模式画布"由9块方格构成，代表着构成商业模式的9个要素，每一块方格都代表着成千上万种可能性和替代方案，你要做的仅仅是按图索骥，找到最佳的组合。

**这9个要素分别是：客户细分，找出你的目标用户；价值定位，明确你所提供的产品或服务；用户获取渠道，即分销路径及商铺；客户关系，即你想同目标用户建立怎样的关系；收益流；核心资源，即资金、人才；催生价值的核心活动，即市场推广、**

软件编程；重要合伙人；成本架构。

"画布"的使用者只需按照一定的顺序填充即可。首先要了解目标用户群，再确定他们的需求（价值定位），想好如何接触到他们（渠道），怎么盈利（收益流），凭借什么筹码实现盈利（核心资源），能向你伸出援手的人（合伙人），以及根据综合成本定价。

**第二阶段：三重体验商业模式。**

"商业模式画布"中的客户、渠道、客户关系、核心资源、成本架构等发生了根本性的变化。

**第一，客户细分没有必要。**用户的精力是有限的，卖房子的潘石屹可能和卖套子的杜蕾斯是竞争对手，他们都在抢流量，关注了你，就可能没有时间关注他。

**第二，渠道通路会被杀死。**互联网经济的逻辑是商家绕过渠道直连用户，不再需要层层的渠道将货品分布到各个终端，只要在网络上架设一个销售终端即可。

**第三，客户关系会被吸收。**未来没有所谓的客户关系，产品都是人格化的，买小米是和雷军在交互，买锤子是和罗永浩在交互，用户愿意做的永远是和一个活生生的人在交互。

**第四，关键业务走向趋同。**以前关键业务是各做各的，现在所有的模式都是在和用户交互以后获得需求，再推送产品。要么是交互以后直接听取用户吐槽，要么是交互以后累积大数据进行分析。

**第五，成本结构不被考虑。**贝佐斯和刘强东等人都说过"不要给我说赚钱"，但资本还追逐他们。为什么这么有底气？是因为资本知道拥有了流量之后，商业模式存在太大的想象空间。

新商业模式中，所谓的四要素指的是：内部资源能力、外部合作生态、价值创造、收益获取。

企业要讲述自己的商业模式，要说清楚两件事：一是怎么通过内部资源能力吸引外部的合作生态，为用户创造出价值。这里面要说清楚你们一群小伙伴谁做什么，才能创造那种用户体验；二是怎么通过内部资源能力吸引外部合作生态，为自己获取收益。这里面要说清楚你们一群小伙伴谁分多少钱，才能维持、强化那种生态。

由此，商业模式九元素就简化成了四要素。不难看出，四要素中最重要的是"价值创造"，这是整个商业模式得以构建的基础。"价值创造"错了，商业模式再对也是错，这一点对了，商业模式迟早走上正轨。所谓三重产品体验模型，指的是：

完美终端——产品要"有用"。有用就是功能出色，你给我一部手机，它的功能得好我才会用它。

价值群落——产品要"有爱"。罗永浩用反对主流的方式生存，粉丝们用购买来为这种非主流的价值观点赞，他们说："你只负责认真，我们帮你赢！"

云端服务——产品一定有趣。云端是资源的集合，通过终端释放无限的功能，有了云端，产品就能有趣！

由这三种产品体验，可得到七种商业模式：终端、群落、云端、终端+群落、终端+云端、群落+云端、终端+群落+云端。其中，后四种就是具有互联网思维的商业模式了。

**第三阶段：移动互联网商业模式。**

移动互联商业模式，是互联网时代产品快速裂变的利器，产品出来之前，一定要做好互联网商业模式。先做好一个核心产品，由核心产品延展其他产品和业务，这是互联网企业的模式，也是互联网生态圈得以实现的不二法则。

我们认为，商业模式首先要有足够的吸引力，要让参与者先疯狂（参与者可以是投资者，也可以是渠道商、代理商、用户或者消费者）；其次，还要有自动自发的推动作用，最后才是盈利问题。

时代的发展，人们更加追求简单易懂的东西，人们也可能越来越懒，你现在就应该知道了，为什么实业难做，或者没人愿意做，就是总有一些想要不劳而获的人，这就是一种趋势。

因此，任何模式要简单易懂，要让这些人"躺着赚钱"，只有想清楚了这些模式，这不是顶层设计，而是整个底层逻辑，才可能在红海中脱颖而出。

卖产品没错，但产品的生命周期变得越来越短，把产品植入某种模式中，让产品在场景之下产生刚需，成为痛点的解决方案，这就是终极的产品差异化，让特定的商业模式带动产品的销售。

## 三、平台型商业模式 4 大关键点

当互联网已经密切地融入企业和人们生活中时，我们注定是无法逃避的。当下，做平台和生态圈几乎成了一种新时尚，尤其是乐视生态圈理论火爆的前两年。

不过，我发现，大多数企业对平台思维理论、生态圈思想的理解是错的。

我本人不太推崇这种大多数人所理解和定义的平台和生态圈。很多平台都是伪平台，很多生态圈都是自我陶醉，想象出来的生态圈。

深知精准营销策划运营公司，不是靠理论起家的，也不可能成为一家理论研究机构，我们要做的是找到方法论形成工具，将其跟企业的实践、实战相结合，助力中国企业在互联网时代的业绩腾飞。

做平台，艰难是肯定的，因为不想花力气就能做成事情，现在几乎不可能了。那么，互联网平台企业要怎么做才能成功？我试图总结四大方法，叫作秘诀吧（没有公布就叫"秘"，发现了规律就叫"诀"，所以姑且就叫"秘诀"了）。

### 彻底消除一种思想：不劳而获的思想

每天不创造价值，胡思乱想的东西要少有，训练一下思维可以，可无休止空想会发疯的。每天想着怎么去骗一把，快速圈钱、分钱、走人的套路，早就玩不下去了。

互联网时代的商业模式跟传统商业模式的根本差别是：价值创造。

没有客户价值，怎么玩都是不成立的，这是核心问题。踏踏实实做点事，不要到处去找什么战略合作和联盟，谁认识你，谁又相信你呢？

乔布斯创建苹果，开始也没有什么平台和生态圈的想法，做好一个个产品，才有今天的局面。

每天想着怎么去联盟，去找各种资源，虚头巴脑的东西太多，都不会成事。客户都是理性的，互联网的去中心化和扁平化，已经让信息更加透明，也让客户更加理性。

### 创造一种价值：为"最痛的点"形成解决方案

痛点，最痛的点，不是二级、三级痛点，更不是伪痛点。滴滴出行的商业模式找到了最痛的点；共享单车也算是找到了最痛的点，都很成功，也能做成平台，形成生态。共享充电宝就不行，因为那不但不是最痛的点，可能还是伪痛点。

恒大冰泉的扫码，娃哈哈的 200 亿瓶的广告平台……还是不说了，根本上算不得是什么创意，一点点痛点都算不上了！

在这里不需要什么超级创意，只需要对人性的理解和需求的深刻洞察。比如某手机以前支持 2 秒内信息撤回，现在微信和 QQ 都可以在 2 分钟内撤回，这不算什么大创意，但确实是痛点，而且很痛的一级痛点，可以做成很棒的产品和模式。

### 建立一种核心竞争力：你有吗

平台不是凭空产生一个概念、一个想法的？如果那样认为，你就 too young too simple 了。企业总要有自己的核心竞争力，你有什么好产品、领先的技术或者管理方法或者商业模式？还是只有资本的力量，所谓有钱我不怕？

好产品其实就是最好的竞争力，好产品难营销，好产品怕人不知道，这些是很多年前的事情了。互联网时代，好产品自带流量，好产品甚至不需要营销。如果你以为是好产品，那没什么用，用户和消费者认为是好产品才重要。

当然，核心竞争力不仅仅是产品，还可以是技术或者某种模式，但有一条：一定时间内，核心竞争力是很难被模仿，至少一时难以超越的，你能聚焦到某块业务，在短期内形成竞争对手难以超越的屏障也算。

乐视生态的核心是竞争力是什么，是电视，是影视还是汽车？都不是。有核心技术吗？都没有。所以，失败是理所当然了。

### 发现一个突破口：从哪里开始

平台或生态圈要有价值：一个是社会价值；一个是用户价值。只有社会价值，没有用户价值，也就无法落地，所以，需要找到一个落脚点和突破口。

从哪个方向去寻找突破？举例来说，如果要做智能家居，要从什么地方开始，确定是高端社区吗？从哪些人群切入，物业公司、车主群体？入口在哪里？这些都是需要解决的，这就是用户价值所在。

比如我们为客户创建了一个自喷漆新品牌（背靠集团公司的技术优势），传统的自喷漆产品，无论什么场合、什么材质、什么人都是一个产品，低质、低价，价值感和体验感很差。我们从最核心的涂鸦人群和使用场景入手，迅速地找到了核心人群，带动和激发了 DIY 人群的使用体验，从而能够迅速打开局面，影响大众人群，促进品牌和销量的提升。

以上，其实就是一整套互联网精准营销的思想、方法论和具体战法。

当然，最前面提到乐视的问题，绝对不是钱太少，而是一块业务没有做好，又去做另外一块，战线太长，也就难以首尾顾及。

## 四、互联网商业模式设计"天龙八部"

移动互联网时代，我们知道做好品牌和销售，主要干好三件事情：策略创意＋互联网商业模式（资源匹配）＋运营落地。

**深知精准营销主要就做以上内容，这也是我们公司核心业务范围。**

好产品到处都是，好项目市场上也不少，但真正做好的却不多，为什么？主要问题也是出在这三方面：项目的总体策划包装、商业模式的设计和最后的持续运营。

这三个部分，可以分解为 8 步骤，统一构成了互联网商业模式的模型，这个模式可以落地，可以短期内匹配资源，实现品牌和销量的双重目标。

**第一步，项目整体设定。**

项目的愿景、使命是什么，解决了用户什么痛点。站得高，看得远。如果着眼点就是拉来几个人，卖点产品，永远也不可能做大。从项目的根本入手，通过策划和包装，打造非常有吸引力的整体项目策划，而不是仅仅是一个产品。

包含了项目的整体定位，背书，故事，形象，一整套价值体系的梳理。看着就想来加入，有绝对的信任度和权威性。

**第二步，共享或者分享模式。**

核心由两部分构成：一是怎么获取收益；二是怎么退出的机制。

分享收益。收益是怎么获取的？投资就有收益还是投资后还需要做推广和销售才有收益？也就是说，你要怎么设定这个收益。具体来说，是投资了固定就有收益，也就是我们经常说的躺赚还是需要分享出去才有收益，这个收益又分别怎么计算。

通常情况，分为静态和动态两个部分。静态就是投资了就会有收益，但也不是固定的，要根据市场进展和资金情况，动态进行分红，一般一个项目一年左右可以回本；另外一个是动态的，也就是经过你的努力有更多收益，一般这个收益会较高，5% ~ 10%，甚至更高。这个就要根据项目情况进行具体核算了。

退出机制。如果觉得这个模式不再有吸引力，要怎么退出来？一般来说，退出是要收取一定的手续费和服务费的。5%～10%，就看你在哪个阶段退出，但你随时可以退出。

还有模式中非常重要的一点：产品要依托于什么模式。具体来说，是分享产品还是转化成一个项目。

**第三步，资源导入。**

市场领导人。这个角色出现，跟传统的代理有相似之处，又有天壤之别，传统代理还是要靠人力取胜；新模式靠新技术和新工具取胜。

市场领导人是什么人？他们是找项目的人，同时也能孵化项目，也能够开发市场，也就是除了个人角色，还有自身的团队，这样的人，就是市场领导人。

这是商业模式能够快速落地的连接器，作用巨大。传统商业，物以类聚；互联网商业时代，人以群分，不需要你解释，模式好坏，他们一看就懂、一学就会。

商业推广。主要是互联网模式的推广，社群和口碑为主；线下做引爆，也就是要讲线上的流量最终实现线下的引流和转化。

**第四步，行业背书。**

行业影响力塑造。好项目开始并不一定有人知道或者相信，要想快速让人相信，就需要有信任背书。怎么找到呢？或者要找什么样的背书？

跟自己行业相关的，比如科技的，就要找相关的科技单位，也可以自行创造一个，现在都可以自行注册协会和研究院了。另外，公益也是一个很好的突破口，可以跟公益结合起来做。做市场的同时，也可以实现社会效应，经济效应和社会效应相结合，相得益彰。

**第五步，项目孵化。**

一个产品可以做成一个项目，但一个项目的抗风险能力还是很低的，一个项目做成，然后还可以延伸到其他的项目，做成项目孵化的平台，形成模式和平台之后，就可以进行复制。

所有权经营权分离，所有后期的投资人，都需要所有权和经营权进行分离，这样才能保证专业的人做专业的事，不受投资人的干扰，项目才能做成。你投资，你要管收益，如果要想赚得更多，你只需要开拓市场，管理的事情，策略的事情，全部交给公司管理层。

**第六步，融资上市、资源匹配。**

项目做成平台之后，需要融资、匹配资源和上市，这是大部分投资者的最终目标。

**第七步，风险规避。**

市场风险和政策风险。市场风险是崩盘，政策风险是违法。市场风险的规避可以通过不断地延伸和市场调整来完成，只要控制到位，一般不会有问题；政策风险的规避就是不能让商业模式变成老鼠会、庞氏骗局。

也就是说，最终我们的产品＋模式，还是要回到销售产品上来。不能为了圈钱而圈钱，但我们现实生活中，圈钱的事情还少吗？

互联网创业企业，股市、比特币、山寨币，这样的事情还少吗？

市场要怎么做？接下来才是考验团队的营销真功夫。

**第八步，止盈止损。**

投入产出平衡分析。这是需要精密分析的，如果觉得不可持续，就如大前研一说的那样，退出也是一种方式：项目停止或延伸。

项目要么打包延展到其他项目，合并或者重组，要么就干脆停止。

这也是最后一部，大家真不想玩下去了，那就结束。

## 五、互联网商业模式是渠道的解决方案

### 为什么传统商业模式会失效

互联网时代，营销发生作用的工具、要素、资源配置方式和制胜路径发生了变化。

从营销的角度来说，我们一定要明确，产品和商业模式的关系，产品是基础，商业模式离不开产品；而互联网时代，产品的营销推广，特别是一些小众产品的营销，也离不开商业模式的助推。

互联网时代，商业模式的要素已经发生变化，传播路径和消费者接受方式也大幅变化，因此，传统的商业模式就会失效。以前，只要你去做广告，就能销售，现在再怎么去大传播也无效或者效率低下。

以下我们重点介绍一下互联网商业模式：**S2B2C 商业模式**。

S2B2C 模式即品牌方打造大平台系统 S，提供标准化的产品和服务、统一的供应链系统，赋能小 B 企业，由小 B 企业对 C 端客户提供深度服务。

传统的 B2B 或者 B2C 模式对于三者是呈割裂状态的，S2B2C 模式最大创新在于 S 和小 B 共同服务 C。小 B 服务 C 离不开 S 平台提供的种种支持，但是 S 也需要通过 B 来服务 C，如图 5-1 所示。

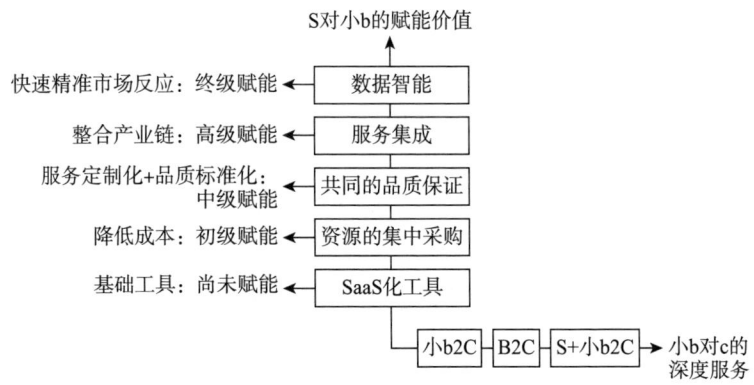

**图 5 - 1  S2B2C 商业模式**

S - 平台系统/供应商

B - 加盟商/分销商

C - 个人用户/消费商

S2B2C = S2B（招商/赋能）+【B2C（服务）+S2C（裂变）】

**S2B2C 模式实现路径如图 5 - 2 所示。**

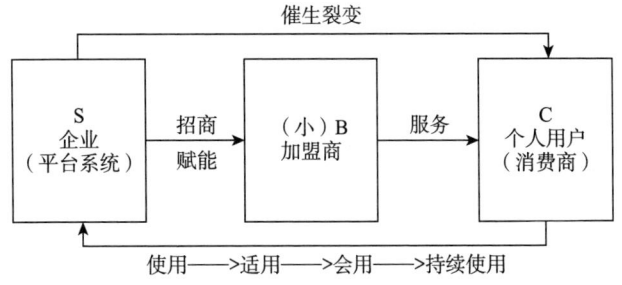

**图 5 - 2  S2B2C 模式实现路径**

## 举例：某供应链平台的 S2B2C 升级

国内著名的供应链公司，在日本、美国、欧洲有非常好的供应商资源和深度战略合作关系，多年的运作局限于货品的买卖，对上游和下游的资源控制较弱，服务增值方面较差。

### 1. 平台如何升级

整体包装平台的价值和背书，形成平台系统、流程和标准，并将之前简单的产品买卖进行场景化产品策划，给 B 端客赋能，因为都是来自海外的高质量休闲食品，人群广泛，消费升级，价格比同等商家便宜30%以上，非常有吸引力，而且产品很难被取代，这就是平台的优势：独特性和差异化。

### 2. 平台发展步骤

结合自身供应链优势，整合自身资源、代理商、消费者，以商业模式驱动产业发展。

· 确立品牌发展方向，明确企业战略布局，前期产品与项目整体包装，后期链接产业布局。

· 构建渠道体系，赋予适合企业的商业模式，构建平台系统，最后构建生态（圈）化营销。

· 运用互联网精准传播，增加企业品牌知名度，以消费者裂变方式产生量变。

· 资源导入，启动仪式发布，开启滚动式招商，招揽合作伙伴，提升品牌与用户体验，促成销售转化。

### 3. 商业模式设计

**（1）平台模式升级。**

在自身成熟的商家渠道之外，建立社区渠道和自主渠道；除了线下渠道外，线上电商/微商渠道也是不错的选择（利用不同的品牌运作不同定制产品，导入《实体门店 S2B2C 商业模式》，如图 5 - 3 所示。

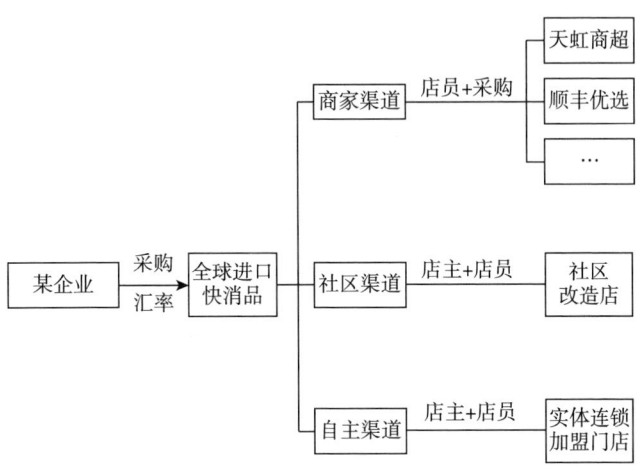

图5-3　平台模式升级

**（2）、项目整体策划和包装。**

项目整体策划和包装如图5-4所示。

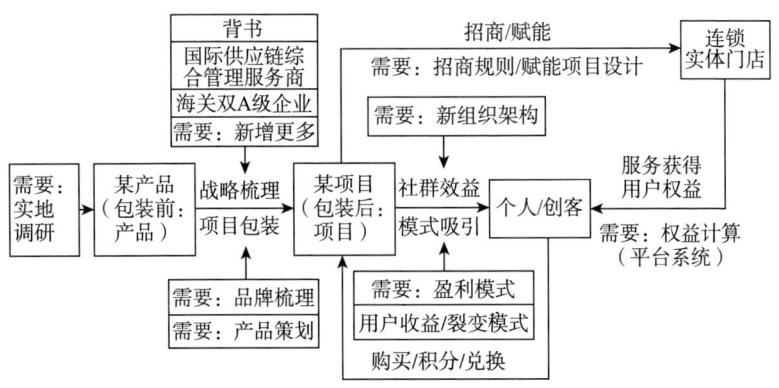

图5-4　项目整体策划和包装

**战略价值梳理内容：** 企业战略（包括组织架构、价值链等）、品牌战略、产品战略。

**项目包装内容：** 项目设计（高附加值产品形成）、企业背书

（包括现有的和争取的）、项目权益设定。

**（3）平台系统搭建。**

整个商业模式案，我们为企业打造项目的盈利模式、用户裂变模式；目的是让企业具备集团生态化盈利能力、融资能力，最终提升市场价值和资本转化速度，如图5-5所示。

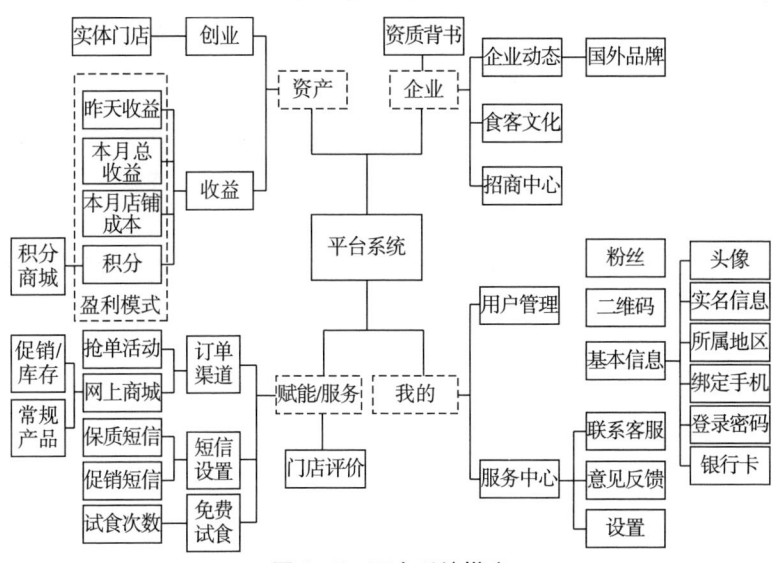

**图5-5　平台系统搭建**

## 六、商业模式落地执行

商业模式落地步骤：

**项目整体设定**

项目整体设定包括：

1. 项目发展战略规划

项目发展战略规划又称为**重新定义企业**，一般采取新成立的公司来运营。

互联网商业模式设计，并不适合所有初创型企业，而是针对有一定基础需要转型的企业。因此，设立新的公司是在原来的基础上进行的。

设定新公司有两大优点：其一，整套商业模式是建立在快速吸取用户之上的，从而达到快速侵占既有的市场份额，有可能引起其他企业的恶意行为，例如有针对性的负面新闻产生。由于是新成立的公司在运营，并不会从正面影响到原企业。其二，新成立的公司可以授权的方式引用与导入原企业的所有资源，起到光环再造的作用。

但是，一套新的人力组织架构必须重新设置。当然，也可以是原企业的人员兼顾，实行"一套班子两块牌子"的形式。

重新定义企业，需要重新规划出长期和短期的战略发展方针。企业的愿景、使命、价值观是长期战略发展所需的内容。而组织架构、盈利模式、运营管理流程（俗称价值链）是短期战略发展不可或缺的内容，即我们所说的人财物要具备。

新组织架构设定，人员配置以招商为导向。

盈利模式的设定，资金的来源（即收益模式）、运营费用、资本去向等。

运营管理流程设定，价值链流向、运营方式、售后服务等。

有了战略方针后，为企业制定相应的发展路线：

长期战略路线的三个阶段，分别是：前期的"单一项目运营"（为企业设置单一项目，把产品服务打包成为新的项目进行运营）；中期是"小生态圈＋资本运作"（为企业设置小生态圈，即本公司与其他相关属性企业发展主次关系的设定，并采取资本运作的方式进行升级再转型）；后期是大生态圈（不断调整后，形成闭环，实现源源不断地造血功能）。

短期战略路线的三个步骤，分别是：

（1）设立《项目运营模式》（即项目招商方案的具体内容）。

（2）招商引资＋项目落地。

（3）完成前期资金积累。

2. 项目价值体系梳理

项目价值体系梳理，当人财物齐全后，我们需要进行转型数据分析和解决方案提炼两部分工作。

**转型数据分析**：为了避免传统营销模式的弊端，结合互联网企业大数据，发掘小数据，发现蓝海机会点。

**解决方案提炼**：产品与服务组合、打包，价值提升。

这里，我们运用了品牌定位、背书、故事、形象等 IP 化品牌构建模型进行策划，运用产品场景化体系屋模型进行包装，实现项目价值体系梳理，从而达到三大终极目标：

· 用户感受，专业的产品和服务提供商。

· 同行感受，引领行业的风向标。

· 投资者感受，值得一试。

**盈利模式**

盈利模式包括：

1. 分享收益

分享收益源自"共享经济"，运用互联网用户与用户的关系，形成共同享受收益的模式（即最优化的盈利模式），实现企业与用户双赢的局面。而招商，是促使这种局面形成最有效的方法。

从"招商"的终极目标出发，笔者发现除了个人和代理之外的两种新角色：创客和市场领导人。因此，个人＋创客为企业带来了吸引核心的重度用户、原点用户的个人投资者，以及想成为新代理商的个人投资者；市场领导人＋代理商也为企业快速发展新的个人投资者，致使更多投资者衡量选择了成为代理商。

那么，盈利模式就分为个人项目收益和代理项目收益至少2个身份的收益模式。在设置个人项目收益时，要注意收益项目多样而不复杂；而在设置代理商项目收益时，还要注意与第3个身份的关系，例如实体门店。

分享收益的内容关于众多财务数据，因此，需要经过多次会议商榷。

2. 退出机制

退出机制即项目安全退出设定，也可称为"有进有出"运行机制。设置从退出程序、申请、限制等多个环节。因此，需要为企业的退出资金运转提供了合理的费用、额度、比例与时间限制，延长了资金的使用周期和项目安全。

当然，退出资金也是一种损失，需要进行财务统计核算，对失去的企业用户数据进行有效的分析与售后服务，避免发生更多的用户退出。

当项目整体设定与盈利模式设定完成后，企业就拥有了完整的组织架构、企业项目、运营管理流程与盈利模式四大板块，接下来就是执行层面上的工作。

组织架构要求招聘讲师、网销团队和地推团队，配备演讲会议室。

企业项目一般依附新组合设计的产品或服务，需要重新定价。

运营管理流程是企业将要建立平台的基础，需要开发新的销售后台或 APP。

盈利模式除了创客行使价值输出的项目价格外，还需重新设置代理区域的唯一定价。

除此之外，制作企业项目招商 PPT，初步进行招商会讲。

## 资源导入

资源导入包括：

### 1. 市场领导准入

市场领导准入，请确认什么人对你有益！

四种成为市场领导人的群体，分别是：

- 寻找新项目的人：做过类似项目，并清楚此类项目的发展前景与预期。

- 有人脉关系的人：没人做过类似项目，但有号召力和影响能力的个人。

- 正在做其他项目的人：此项目与正在做的项目相比更有优势，领导其他人一起做。

- 在本公司工作的人：在本公司工作并向往自由工作的，了解项目本身的特点与收益（可考虑转外勤挂靠人员）

市场领导人职责：

- 市场开发：线上销售＋地推（实现线上交易，线上线下推广）。

- 社群经营：经营社交群，包括微信群、QQ 群等。

·组织参与：会议＋空中课堂（邀请潜在用户参与公司组织的会议与空中课堂）。

·工作配合：配合公司其他相关工作。

遇见市场领导人，就要抓住他，能持续为你的企业招商。

2. 商业推广机制

商业推广机制，再确认怎么做对你有用！

怎样进行线上线下同时推广呢？

·线上：利用精准营销推广模型进行互联网传播，以社群用户为核心，运用360、百度和搜狗三大搜索引擎＋网站做信息沉淀，自媒体平台做流量引爆，实现用户增长。

·线下：活动、会议、实体门店等，结合线上流量，最终实现销售转化。

线上推广形式可分为5类：

·各类网站：分类信息网站、B2B网站等。

·社交群：微信群、QQ群等。

·自媒体：微信公众号、微博、今日头条、企业APP等。

·直播平台：视频直播平台、音频直播平台。

·空中课堂：微信群现场语音、录制课程。

线下推广形式也可分为5类：

·活动：旅游、竞赛等。

·会议：公益会议、招商会议等。

·地推：企业内部销售人员地面推销（扫楼、扫街等）。

·实体门店：产品服务与门店合作。

·实物广告：商业街广告位、高速广告位等。

掌握商业推广机制，为你的企业招商助力。

## 行业背书

行业背书包括：

### 1. 行业影响力塑造

行业影响力塑造分为自身影响力塑造和借势借力塑造两种方式。

自身影响力塑造的3种常见方式：

· 集团公司：原集团公司的所有资源，以授权形式赋予。

· 商学院：设立商学院，比如顾专家聘任学术顾问，利用其地位发表文章并延展报道，形成一定的行业影响力。

· 慈善资金：后期可设立，回馈社会。

借势借力塑造的3种常见方式：

· 行业协会：在相关行业协会争取相关职位，例如副会长、理事。

· 研究院：争取国家级科学研究机构的名誉，成为国家相关部门监督的对象之一。

· 战略合作：与先进的科学技术企业达成战略合作。

### 2. 内外部会议活动

内外部会议活动，借来的势要发挥最大效应！

当一切都准备就绪时，发起第一场外部会议活动。

全国项目启动仪式，第一场会议象征意义很重要，具体有3个需要注意的环节：

· 会议场所设立产品演示区，让与会者直观地了解企业所做的事情。

· 邀请国家干部与会致辞，增加行业影响力。

· 设置"慈善计划"，说明项目的社会意义（其发展将带给社会回馈与贡献）。

会议结束后，企业讲师的四大职能就需要确定下来了。

启动会议前，企业讲师只需要做内部会议活动：

· 内部会讲：公司内部设立演讲会议室，进行招商讲解；

· 空中课堂：即利用微信群语音讲述课程，公司领导有时间也需要进行演讲；

启动会议后，企业讲师还需要做外部会议活动：

· 外部会销：外部经常设立的招商会议；

· 外地培训：讲师出差至外地对其他讲师进行培训，同步公司发展方向。

**项目孵化**

1. 项目孵化平台模式

项目孵化平台模式，包括项目孵化平台体现方式和任务。

项目孵化平台体现方式：由线上的官方网站、微信公众号等信息端口和线下的公司、分公司和代理公司等实体作为支撑；围绕着企业 APP（交易变现系统）嫁接积分商城等其他功能。简单地说，即是小生态圈。

项目孵化平台任务，包括四大部分：

· 风险评估：预防政策风险、市场风险。

· 延展规划：设置成为生态圈闭环所需相关企业进行布局。

· 建设复制：平台内的新项目融合和孵化，导入到其他企业进行有效使用。

·生态闭环：形成生态闭环后，基本完成项目造血循环系统。

那么，项目孵化平台如何运营？

2. 股权经营权分离制

股权经营权分离制也可称为轻资产运营模式，即是股权和经营权分离。

实际上，股权要等于所有权，必须保证股东和法人同为利益共享体；此时，股权人负责管理和策略；而经营权人负责开拓市场，即运营。

其一般实现形式为股权人以成为最大股东的占股比例，对新项目公司进行收购，转变新项目公司的职权为项目运营。其中有两大优点：

·由于股权人和新项目公司都设有雷同的运营项目，可把类同的运营项目转移至新项目公司进行运营，从而减少运营成本。

·运营项目的重新整合，因产生规模效应，不但减少了成本，还增加运营后的利润，项目数量也相应得到增长，大大地增加了与风险投资的谈判筹码，从而风投资金的额度也会相应得到增加。

**融资上市/资源配置**

1. 控股融资上市

控股融资上市，当项目小生态圈建设完善时，实施跨行业合作战略，继续完成大生态圈的建设。此时企业拥有收购控股的能力，并同时实现两大计划，分别是企业控股计划和项目融资计划。

企业控股计划，明确企业控股方向、占股比例、股权重组等相关事项。

项目融资计划，除《项目商业计划书》部分外，明确被控股企业进行融资上市。

2. 项目资源匹配

项目资源匹配，有效进行资本运作。

其中包括《项目产业融合度分析》和《资源共享优势互补计划》。

项目产业融合度分析，分析生态圈内产业融合状况与资本投入反馈；

资源共享优势互补计划，运用现有资源进行资本兑换，以资源共享、优势互补为目标。

到此阶段，我们会把额外资本进行金融管理与再投资，实现真正意义上的资本运作。

### 风险规避

1. 法律顾问团队运作

法律顾问团队运作，实行项目法律规范，从两方面规避市场风险。

企业内部：设定法务部，主要有 4 个功能：

· 参与起草审核企业对外宣传文稿与指定合同文本的合法性。

· 企业兼并、收购、投资、租赁、资产转让、招投标等重大经济活动的法律建议。

·代表公司处理各类诉讼或非诉讼法律事务。

·与外部法律顾问的联络、配合工作。

企业外部：与法律事务所长期合作，协助企业法务部共同规避法律风险。

2. 国家相关部门监督

国家相关部门监督，实行项目监督规范，从两方面规避政策风险。

申请纳入国家政策支持的科技企业规定范围；申请国家级研究院事项；由国家相关部门进行监督，在相关部门的监督之下作业，反馈国家与社会。

**止盈止损**

1. 投入产出比率衡量

投入产出比率衡量，进行两个维度的衡量，分别是项目价值与寿命衡量和项目投入产出盈亏衡量。

项目价值与寿命衡量，实行了 2 个层面分析，分别是：项目投资价值分析，分析投资价值的变化情况；项目生命周期分析，衡量投资持续性。

项目投入产出盈亏衡量，结合了《企业既定投入产出比》与《企业额外持续投入产出比》进行了分析：当"企业既定产出 + 企业额外产出"大于"企业既定投入 + 企业持续投入"时，为持续盈利。

·企业既定产出：用户投入的资金。

·企业额外产出：造血与融资所得。

·企业既定投入：运营和背书的费用。

·企业持续投入：用户获得收益的部分。

反之，则持续亏损。此时，应考虑是否终止运营。

2. 项目停止运营方式

项目停止运营方式，代表着企业项目运营的失败，常规有 3 种方式：

·项目结束：宣布项目终止，并在限定时间内进行退出。

·项目转移：宣布项目所有投入额度可进行转化，停止原项目运营。

·项目破产：公司进行破产清算，并清算相关费用。

## 七、新渠道为王时代到来

移动互联时代，去中心化、去渠道化、媒体碎片化之声不绝于耳，几乎一夜之间，渠道为王、终端制胜成了"人人喊打"的"过去式"的代表，微商的崛起，更是成为传统营销和移动营销的分水岭。2014 年，娃哈哈、康师傅等一批快消品大佬销售遇到问题，销售额出现了不同程度的下滑，让"渠道"问题凸显，似乎预示着，移动时代不再需要"渠道"了。

其实，从互联网到移动互联，从电商到微商，渠道的剧情"反转"得很快，从"渠道为王"到"渠道消亡"论，一年时间不到；现在马上反转，出现了本文的题目："新渠道为王"的论断。

这更加坚定了我对移动互联网的三个认识：

·回归营销的本质。

·回归产品的原点。

·回归人性的光辉。

移动互联时代，因为信息、技术和知识的更新速度太快，造成了企业界和营销界很多认识的混乱和误区，详见本人文章《移动互联时代的4个重要观点的正本清源》一文。

**微商的崛起，让"渠道为王"再度成为热点。即微商就是渠道为王！**

微商要成功，一般是怎么做起来的？

**做微商，最重要还不是品牌、产品、推广，而是团队和渠道，尤其是渠道的作用是重中之重。**怎么说？你说面膜哪个品牌最好，哪个产品最好，还真没有什么定论，要说到推广，也没有见到哪个微商品牌做大量的媒体传播的，都是以自媒体为主开始的推广，最初级的当然是朋友圈刷屏了。

靠自己卖货很难，靠自己搞一帮人来**做粉丝、做圈子更是难上加难。**如果你做微商，学习苹果和小米模式，那就等死吧；如果你学习传统的大品牌，靠广告轰炸招微商，当然很不错，关键是你得有钱砸才行，如果你的销售目标是1个亿，你总得准备2000万元来投央视、卫视的广告或者合作节目，这笔钱也不是小数目，小品牌没办法操作的。

看来最好的办法只能找经销商了，也就是微商招代理。

**微商为什么这么火，微商为什么发展这么快，其实就是一条：微商代理！**

被批得最多的也是面膜找代理，但我认为，问题总会有，关键是怎么解决，微商也在不断发展。

也许你会说，光招代理有啥用，产品卖不掉啊。你想到了表面，但没有想到本质。

第一，表面上，我们只找到一些代理商，把货发出去，实际上，代理商已经是我们的用户，我说的是三级以下的代理商，第一批顾客有了。

第二，通过代理商的网络和社群关系，比如找到 50 个代理商，每个代理商有 500 人的群，理论上就有 25000 人知道和关注这个产品，实际上还远远不止这个数量。

你想想，几万人同时关注和炒作这个产品，该是多么壮观的事情，这个产品能不火吗？这比大面积投入电视广告的效果好太多，最重要的都是很精准的客户。

至于说到怎么策划品牌、包装产品、提炼卖点不都是传统营销人的强项吗？渠道政策、激励方式怎么制定，其实远比传统渠道简单，而且简单很多。

所以，微商代理不单单是找几个人来卖货，本质上，微商是通过代理商的"自身资源""社群关系"和"自己就是消费者"的三位一体方式，实现产品的分销和销售；另外，通过精准的圈子的扩散和炒作，迅速在社群里火爆起来。

很多大微商团队都有数十个群的代理商资源，也就是数万人或者十数万的下级代理和用户。

因此，我常说，渠道不会消亡，只会变化，微商造就了"新渠道为王"时代的来临。

# 第六章

## 互联网传播及精准营销

### 一、明星代言为什么失效

在说代言人策略之前（这里主要分析明星代言），我先给大家讲讲移动互联时代的传播策略和传播路径的变化，否则大家不容易理解，为什么传统时代的代言效果很棒，而现在的代言基本就失效了呢？

#### 移动互联时代传播模式的改变

传统的四大媒体时代，我们称之为媒体的霸权时代。一个企业、一个产品要迅速成名，只有两种策略：一种是央视广告；另一种是明星代言，这都是媒体中心化时代的品牌传播的重点方式。这种方式的逻辑是怎样的？首先做知名度，再做认知度、美誉度和忠诚度，最后形成一对一的品牌联想。整个过程是由外而内，最后才圈定核心消费人群。这样，我们就说品牌塑造成功了。

而移动互联时代的传播逻辑刚好相反，先做最核心的消费人群或者用户，通过口碑影响更为广泛的用户和受众，最终形成广泛的知名度，这也叫品牌的成功（知名度是最重要的品牌属性）。这种方式是由内而外的，更加精准和富有生命力。

由内而外的传播，通过口碑形成的二次传播，对现有的媒体中心化和明星代言，形成了极大的冲击。想依靠一个明星和一个所谓权威媒体对广泛人群实现全覆盖和影响的时代已经过去，互联网时代，人们更加喜欢个性化、人格化的品牌，跟自己的喜好及价值观吻合的品牌。

### 传播不再只是"一个形象"

形象的时代已经结束，还做个观点是颠覆性的，因为我们之前都在说："要一个声音，一个形象"。移动互联时代的传播已经不是传统意义上的"一个形象，一个声音"。也就是说，在去中心化、碎片化的背景下，传统意义下的整合传播观念已经很难适应当下的发展。

没有一成不变的形象，也没有"高大上"的品牌形象，所谓的正面和负面都是相对的。这就是移动互联时代的多变传播原则。

如神州专车"Beat U 我怕黑专车"系列名人代言海报引爆了朋友圈和自媒体就是最好的例子。

单个传播的接触点很难全方位地抓住客户，以前我们只要做好高空的传播，抓住终端的展示和生动化，规范和统一形象进行传播，基本上就不会出现问题。而现在，高空、终端的传播作用不断减弱，不断需要从终端传播、云端传播、二次传播，甚至现在已经是社群、圈子传播时代了。

这是一个多点、多变、二次传播的时代，这也是移动互联时代的传播规律。

## 传播是"传",不是"播"

移动互联时代,不但传播方式出现了变化,更为重要的是传播本质也发生了变化。现在的传播不是向消费者传达什么、灌输什么,也不是我们通常追求的"到达",而是消费者愿意帮助我们去"传"什么?他们愿意去说什么?这就是"二次传播"。

传统的品牌传播,企业主动去"播",但消费者并不会主动地去"传",很难产生"病毒式"传播效果,主要原因是没有产生"二次传播"的效应。

举个很简单的例子,如企业在微信公众平台上发布一条消息,如果转发数量不高,一般阅读数会较低;但如果转发很活跃,阅读率会大幅度攀升,这个"转发"的动作实际上就是"二次传播"。移动互联时代,二次传播决定传播的效率,更决定传播的效果。

### 相关性、适合度和内涵一致性

《来自星星的你》火了之后,主演金秀贤在中国大陆代言了10多个品牌,不知道现在大家还能想起哪些品牌?金秀贤给恒大冰泉或者其他品牌的销售和品牌提升带来了什么效果?

当时那么多品牌蜂拥而至,主要是因为明星的热度或者大家的关注度,而并没有重点考虑明星跟品牌的调性、关联度如何。

### 明星代言的不可控性

但也需要注意,一些短期大热的明星,不但对品牌的塑造无益,还可能造成伤害。短期大热,很多品牌都找上门,到底是什么形象，跟品牌有什么关联，消费者根本不知道。

另外，移动互联时代，很多网络事件和行为根本无法控制和预测。这就需要更加谨慎地选择合作伙伴，并有一套约束和预警机制。

如果仅仅是短期做给经销商看，拉虎皮做大旗，用来招商，那就另当别论了。当然，除了代言、广告之外，团队培养、渠道和终端工作也是品牌和销量提升的重点。

## 代言要为消费者创造梦想

代言不仅仅是一个知名度的关联，或者说代言并不是扩大知名度的主要手段，而是需要将代言融入企业品牌管理的全过程。首先是要有口碑，所以，从这个角度来说，任何的炒作事件不会长久，对品牌的构建来说并无实际意义。类似于某些被长期诟病的恶俗广告，实际上对品牌和销售的提升并无用处。

代言不仅仅是拍一个广告片，2 年期限，数百万、上千万的费用，企业寄希望不要在这个过程发生什么事情，到期马上再换一个代言人。

如果一定要选择一个代言人，这个代言人至少能够跟品牌共同成长，不要期望借助一个事件的炒作达到宣传品牌的作用，不是跟品牌内涵相关的，再高的曝光度也是没有价值的。

代言人和品牌价值的融合，让品牌具有人格化。也就是要让品牌像一个人一样有形象、有个性、有价值观。未来，销售的入口不再是流量、价格、性价比，而是人格化。

如奢侈品的品牌原则就是：非常人的寻常之物，寻常人的非常之物。归根到底对大多数人而言，都是非常之物，TA 想要得到，希望得到，品牌就成功了。

### 代言的互联网尝试

总体来说，我不赞成"一哄而上"的明星代言方式；也对当下的炒作深恶痛绝，但在互联网的大势下，应该有很多代言方式可以运用。

企业的代言一定要用大明星代言吗？新希望乳业的"12小时"新品上市，就运用了很多古代名人来"代言"，充分利用创意和娱乐元素，在自媒体上取得了很好的传播效果。

如果不用大明星，用自己的员工、行业的代表、客户中的佼佼者，跟企业相关的设计师、消费者，都可以进行代言。也可以推出员工代言系列、客户代言系列、消费者代言系列。

如果设计师群体对于品牌的推广和客户的影响很大，就可以针对设计师做一系列的活动，如产品创意设计大赛，获奖者可以成为品牌代言人，同时成为签约设计师，后续可以开展一系列的活动，这比单纯的明星代言效果好很多。

系列代言广告，可以从全方位进行品牌的塑造，品牌也不仅仅停留在表面的知名度和形象上，而是深入到品牌的内核：品牌价值、品质、设计感、权威性、口碑等全方位的体验上。

## 二、互联网时代的传播策略

在跟客户探讨代言人策略，以及翻出来炒的"董明珠代言格力事件"，颇受震动和启发，因此，借助这个事件再说几句。

**（1）我坚持认为董小姐代言格力比任何明星代言都好。**

为什么这么说？

20 多年坚持做实业，成为世界 500 强，值得尊敬。大家都嘲笑董明珠为格力空调和手机代言，我倒觉得董小姐代言比找什么明星代言强百倍。原因如下：

- 随着互联网的发展，传播去中心化，顾客需求个性化、圈子化，大众明星难以广泛地影响顾客的偏好。
- 明星代言，是代表品牌的承诺，当前大众明星难以做到！（以往信息不对称的年代还可以忽悠）。
- 董明珠是格力的形象，更是符号，代言格力非常适合。
- 何谓工匠精神？掌握核心技术，把产品做好，并为消费者创造价值就是工匠精神！
- 未来的品牌是个性化、人格化的品牌，董明珠就是格力的工匠精神化身，就是格力人格化的 IP，完全可以作为格力的代言人！
- 抢占制高点：格力，中国造！董明珠不但为格力代言，还为中国制造代言！

**（2）互联网时代，传播是"传"而不是"播"。**

有记者采访我：加多宝和王老吉"官司大战"有胜利者吗，是谁？我说，从客观上讲两家都是胜利者！（主观上加多宝肯定不希望失去王老吉品牌和红罐等核心品牌符号、资产并培养一个死敌的）因为凉茶被广泛认知了，加多宝获得了持续增长；而王老吉通过官司获得了品牌、红罐、广告语、吉祥文化等品牌符号和资产，当然是赢家了。

为什么说消费者会关注这种传播方式呢，为什么会为这种传播方式去"传"呢？因为"看热闹不怕事大"的"围观本性"嘛，吵架是最经济的传播方式啊！

（3）传播不再是一个呆板的、一成不变的形象。

形象论不断被诟病，有一成不变的形象吗？如谷歌是一个什么形象，也许是不断改变和颠覆的，否则就是被改变和被颠覆。谷歌的定位是什么？很难被清晰地界定。这个世界变化太快了，哪有一成不变的形象。比如苹果可以是科技的形象，也可以是创新的形象，更是一个为消费者创造高品质生活的形象。

不但跨界，更是跨人群！

（4）传播更深度来说"传"的是一种精神。

上面列举加多宝和王老吉的案例，当然是比较极端的传播方式，更普遍的传播方式应该是品牌所承载和代表的一种生活方式和精神内涵。不管形象和传播的画面怎么改变，但品牌所表达的精神气质和内涵是没有改变的。

如耐克所代表的运动精神，可以不断变化形象，也可以不断地改变代言人，但追求的运动精神没有变。

代表的是一种生活态度，一种做事情的追求，这就是一种工匠精神：努力做好产品的锲而不舍的精神！这种精神才能被"传"下去，才有这个永续的"传"的动力。

## 三、如何用自媒体引爆一场传播活动

### 从技术角度谈谈如何用自媒体引爆一场传播

互联网时代，一切营销皆传播。遗憾的是，我见到的大多数营销传播活动，基本都演变成为企业或者媒体自嗨式"狂欢"。

不管是线上还是线下活动的引爆，有些核心的东西和规律是不变的。

**首先，要有概念、悬念。**没有就制造一个。达州正在喝它就是这么来的，尽管这个过程很曲折，但最后找到了适合的点；

**其次，资源靠在行动中整合。**一切资源并不是等你去调用的。你在推动的时候才能找到，比如借助公益活动的名义；

**最后，准备和预热很重要。**自带流量当然不错，其实预热和准备才是保障。

本文从量化和技术的角度谈谈怎么引爆传播。

自媒体引爆一场传播，离不开策略和优质的内容。

我们要看到底什么决定了朋友圈的刷屏和传播活动的火爆？

**第一，基础传播平台。**

要找一个有一定粉丝基础和规模的平台，其实并不一定要在自己的官微和官方微信首发，因为如果基础达不到，就是浪费表情。很多人就是教条主义，认为自己不发声，就是没有合法性和官方权威。什么时代了，消费者哪有时间去研究你的广告，你做得最好不要像广告，否则，没人围观了。

什么才是合乎标准的平台呢？

我们可以参考一下，目前超级平台出现爆款文章和刷屏文章都是在什么情况下。

咪蒙毒鸡汤不说了，基本每篇都是 10 万 + 的阅读，他们是抓住了这个时代女人们的痛点了，适合在微信发布；人民日报的军装照几个亿的点击，算是创造了奇迹，听说已经申请吉尼斯世界纪录了。最近的视觉志《谢谢你爱我》创造了 5000 万的阅读，也是因为一个老牌的公众号有很好的基础。

毋庸置疑，第一位就是这个好基础。

**第二，自媒体结构。**

很多平台自身基础也不好，接下来就要靠大 V，靠自媒体平台组合出击了。大 V 也是相当关键了，内容需要跟这些自媒体高度相关，否则，花了大价钱，展示了一次，没有任何效果。至少一个大 V 的精准粉丝数量 100 万左右，一般要在 200～500 万这个量级才有刷屏引爆的效果。

**第三，打开率。**

一般 10%～20%，大多数 10% 左右，特别好，垂直的内容可以做到 20% 左右。一些粉丝数量少的本地生活服务类的公众号，打开率回到 30% 或者以上。

**第四，转发率。**

这个就比较难以测算，一般是在打开率的 10%～20% 左右，这就要看创作的内容，是否有让人分享的价值和欲望。

如果按照 500 万粉丝，垂直精准粉丝保守估计引爆刷屏的打开和转发数量分别为：500 万 × 0.1 = 50 万次点击；500 万 × 0.1 × 0.1 = 5 万次转发。要做到也不算难吧。视觉志《谢谢你爱我》5000 万阅读爆款文章转发数量 300 万次，视觉志的粉丝数量 700 万。

如果我们忽略粉丝数量的差异，只从转发上看，是完全可以做到刷屏的，500 万以上就足够了，这么推算，3000～4000 万以上阅读是可能的。

当然了，这个要看内容的吸引力，还需要运气了。

**第五，互动和联动。**

单靠一个微信基础号和大 V 显然不行了，还要在其他的平台进行分发，如头条、微博，形成联动，同时也要让其他线下媒体参与进来，带动话题，形成一个势能，等到传统的媒体也参与进来基本就大功告成了。

这个时候，传播造势和病毒式效果已经形成，那么，接下来最后一关就需要将这些势能进行转化，跟品牌和产品关联，形成落地和转化。

最后，做成一件事，造就一场轰动的传播，努力是必须的，无需多言，但依然需要一点运气以及天时地利人和。

### 从策略及实操角度谈谈怎么用自媒体引爆一场线上的传播活动

到底什么决定了一次传播活动的刷屏和火爆？

优质的创意和具有自传播属性的内容很关键。

我们为招商地产做的主题为：梦想犇犇，城市生长，就是这样的例子。

深圳这座城市，有什么魔让无数的奋斗者忍受着世界级的高房价，他们留下来的动力是什么？是梦想支撑着他们留下来，而梦想就是城市生长的驱动力量，这也正是招商地产的品牌理念和核心价值。

深圳犇犇，城市生长，招商中环＋招商东岸联合打造品牌事件，线上线下齐发声，打造专属 IP 形象，自 2017 年 9 月 19 日启动，历时 15 天，活动范围遍及深圳各大地标，仅线上传播曝光量超 50 万，吸引上千人参与互动。

主要过程，以线上为主，线下为辅。

第一阶段：线上，用富有情怀的《给深圳人的一封信》开启活动，官微图文发声，本地大号推广，朋友圈海报和 10 秒小视频，迅速开启一波立体攻势；线下迅速开启地铁漂流（袁庚传赠书）＋知名企业送书＋街头随机采访，并收集下一阶段传播素材。

再推出《给深圳人的一封信》情怀 H5，以打字机的复古形式缓缓述说一段关于梦想与坚持的故事，引发共鸣，制造传播，与此同时，向所有人征集梦想。该 H5 上线不到三天点击量达12000 以上。

第一阶段，线上三天关注浏览量 70000＋，加上线下系列事件曝光，触达人群超 80000＋，整体关注量超 15 万＋。

第二阶段，一头牛成为一座城的网红。

线上，《犇犇的梦想 freestyle》H5＋犇犇十秒视频＋犇犇结合城市实景的刷屏海报＋活动素材小视频＋活动采访视频/活动快闪视频＋PC 端新闻通稿＋官方微信推送＋本地大号传播＋贴吧论坛推广＋朋友圈定投。

该阶段最大的亮点《犇犇的梦想 freestyle》线上 H5，专门为犇犇创造一首 rap，唱出"有梦就要犇"的洗脑 freestyle，再以深圳实景拍摄的延时视频结合犇犇 IP 形象制作了一首 rap 的 MV，在 H5 里面还能上传深圳梦想以及照片，生成专属自己的"梦想海报"。该 H5 上线 3 天点击量达 13000，收集了超过 400 条牛人的深圳梦想。

招商中环官方发声，深圳潮生活＋觅深圳本地大号推广以及深圳微时光头条底部广告位投放，扩大第二阶段的影响力，再次突出本次活动并且以不同的原创内容，引发广大深圳人的自发性传播。

结合犇犇事件活动做深圳区域朋友圈精准广告投放，传播覆盖超 37 万＋大众。

一二阶段的传播结束之后，该活动总体核心影响人群50万+，曝光量200万以上。以前他们的线下发布活动影响人群1000左右，花费也基本一样，可以看到这次活动的效果了。

**传播效果是怎么做到的**

**第一，核心创意很重要。**

首先是由情怀引出传播事件，是梦想让我们留在深圳，是梦想的魅力让我们奋斗。梦想犇犇，城市生长的力量。

**第二，线上和线下配合。**

官微、自媒体、大V号、PC端网站和线下活动；地铁漂流，知名企业送书、视频采访、快闪等。

**第三，互动和联动。**

一个微信号和大V显然不行，还要在其他平台进行分发，如PC端、朋友圈、头条、微博，或者其他重要的自媒体形成联动。如果线下媒体参与进来，带动话题，就可以形成势能，传统的媒体参与进来，基本就大功告成了。

这个时候，传播造势和病毒式效果已经形成，那么，最后一关就需要将这些势能进行转化，跟品牌和产品关联，进行引流并形成转化。

## 四、全网营销推广（上篇）

以百度为核心的互联网精准营销推广，主要包括四个方面内容：

- 平台搭建，PC营销型网站+移动端网站+微网站（商城）的建设，这个是基础中的基础，现在基本上可以一站式解决。

· 关键词优化，这是核心中的核心。

· 网站 SEO 优化具体操作。

· 以百度为核心的全网推广，包含 13 个方面。

如果你做好了以上这四件事情，基本上你就是互联网推广专家了。

## 平台搭建：你得先有一个网站及系统

PC 营销型网站 + 移动端网站 + 微网站（商城）的建设，网站怎么做？小企业的企业网站做营销型网站，以产品和营销推广为主，兼有品牌信息；大企业或者集团公司做门户型网站，以企业实力和文化展示，信息发布为主；产品销售为主，展示产品为主的网站，要做商城型网站，如小米和苹果的网站。

大企业自然会做竞价排名，一天几万不眨眼，但中国更多的是中小企业，甚至小微企业，小微企业哪能够负担动辄一天几百几千的推广费，因此就有了 SEO 或者以百度为核心的全网推广。

不做 SEO，光竞价有何用？怎么做 SEO？

## 网站关键词优化

网站关键词优化的目的是什么？就是要做到百度关键词搜索能上首页，除了广告推荐的网站和链接，最好要排名第一。

简单普及一下搜索引擎知识，百度搜索引擎是通过什么来判断页面质量给予对应排名的：文章相关性，页面标题要与页面内容有一定的相关性，如果更新的文章相关性不高、主题不突出，网站关键词排名在前期是没有多大优势把控好页面的，相关性与关键词密度也能增加关键词排名。

**怎么把网站关键词排名优化到百度首页呢？**

**第一，关键词部署。**

页面 title 标题、keyword 关键词、description 描述等，tdk 出现关键词，特别是 title 标题，一定要包含核心关键词。列表页与首页一样逻辑部署，但列表页 title 一定是列表页下文章的分类概称关键词，最好是有一定指数，有用户搜索的热门词。详情页也一样，tdk 出现关键词，title 尽量包含关键词，文章开头尽量出现核心词并加粗，能够突出文章内容的主题，至于正文内容中自然出现关键词即可。

**第二，制作高质量锚文本链接。**

简单解释一下，什么是锚文本、超链接和文本链接。锚文本是可以点击的文字；超链接是可以点击的网址；文本链接是不可点击的网址。具体不展开。

锚文本链接属于软性植入，不会影响内容的可读性，并且锚文本关键词与链接文章主题具有高相关性。

锚文本具有引导性链接，可以满足用户的其他需求。把控好文章锚文本的数量，一个最佳，不要超过三四个。链接要多元化，并不是锚文本都指向首页。

网站高质量内容不可缺少，什么是高质量内容？用户认为高质量内容是能满足需求的内容，原创不等于高质量内容（原创和伪原创，要有用户喜欢的内容）。而搜索引擎只能通过后台数据的用户行为判断页面质量。

增加用户在页面的停留时间、黏度；增加用户在网站的访问量；降低用户在页面的跳出率

**第三，核心关键词选择。**

SEO 工作者应该都清楚关键词（keywords）是排名优化最重要的，关键词是流量搜索的来源。核心关键词是决定网站排名的重要因素。核心关键词筛选少不了策略意识。如同行业关键词竞争很激烈做一样的关键词肯定是做不上去的，同行业关键词在很早以前就被占用，后来再做就很难排上位。那也不代表不能做。所以要实现超越，必须有其他的方法。

· 合理利用网页代码中的 title 和 meta 标签，制定合适的关键字词。

· 图片 alt 属性，利用 alt 属性可以对图片进行有效的关键字补充说明。

· 首页文字区，比如在公司介绍的地方合理插入一些关键词。

· 网站底部可以加上网站说明性字样，以简洁为主。

· 友情链接区域，尽量多选择一些相关性链接词的友情链接。

**第四，长尾关键词筛选。**

都知道一个网站除了核心关键词外，还可能涉及上千上万个长尾关键词，这么多的关键词一个一个去找实在困难。这便需要外部工具协助，站长工具是 SEO 工作者每天都用到的工具，大多数关键词都是站长工具导出的，导出的关键词再查询关键词指数。

做长尾关键词一样少不了地域关键词，细分业务范围如"深圳品牌营销哪家好"。其中，包含地域、业务范围。延展产品相关词如"深圳策划哪家好""深圳品牌策划哪家好"等。

大多优化排名都是做百度，那么百度推广里有关键词查询工具并导出。对比站长工具导出的关键词质量会好很多。更人性的是里面指出每个关键词查询指数，包括竞价出价、每日搜索量。减少了关键词查询的步骤，减少了工作量，大大地提升了工作效率。

## 五、全网营销推广（下篇）

### 网站 SEO 优化

**（1）站内优化内容。**

**文章丰富性。**文字丰富字数不要太少，文章图文并茂，配有视频等。

**用户行为。**搜索引擎会通过后台数据抓取判断页面的质量，包括停留时间、跳出率、访问量；用户互动，被真实用户浏览次数多，真实用户重复浏览；真实用户点击页面内容多。

**用户推荐。**也能非常有效提升页面的质量，比如来自真实用户的转载分享、收藏。

**域名权重与评分。**域名权重越高，网站关键词排名越靠前。

**外链推荐。**来自高质量的外链效果还是有的，适当增加外链也能提升页面的权重。

**友情链接。**因为大部分网站权重最高就属于首页，网站之间交换友链也能适当提升外链推荐。

**（2）优质文章。**

这里是指能够打动人、吸引人、让人感兴趣的文章，好的软文需要洞察消费者心理，以消费者喜爱的表现形式出现，消费者是极其拒绝直接以硬广告的形式出现的表现形式，软文以话题式、悬疑式出现消费者较容易接受，同时引发好奇关注。

**（3）投放渠道细分。**

了解产品属性细分渠道，洞察核心消费者主要所在的渠道，行业相关论坛、权威论坛、热门论坛、门户网。相关权威论坛博主是不会允许发帖的，这时就需要与博主搞好关系，打通渠道。尤其是搜索引擎给予较高权重的平台。如赶集，58 同城等这类网站不仅是搜索引擎给予的权重高，而且这些大型网站本来和搜索引擎就有合作关系，也就是说你没有出钱竞价，有可能用户还能通过推广链接找你的信息的。因为像这些大网站做推广对网站的长尾词很管用。

**（4）百度周边信息沉淀。**

建立百度及周边信息生态和信息沉淀工作。移动互联网时代，百度作为信息的入口，是消费者信息获取、体验、评价和互动的第一站。包含了百度生态体系的框架、内容。如百科、知道、贴吧、文库、视频等。以百度作为信息的入口，建立百度及周边信息生态和信息沉淀工作，建立消费者互动平台，同时增加搜索引擎收录量和搜索曝光率。

**（5）关键词外链。**

一般就是指锚文本链接，只有好的锚文本链接才能更好地成长，通过锚文本将百度蜘蛛引过来，然后赋予权重给自己的网站，提高权重，然后获得好的排名，那么这些外链最快的方式就是做一下友情链接，每天控制 1～2 个友情链接，每天固定写一些博客，每天固定发一些论坛等好的方法，外链是提高权重最佳方式之一，只有坚持下去，才能够有好的转化。

**（6）持续更新。**

坚持每日更新，让网站活跃起来得到搜索引擎认可，快速收录。

**全网推广内容**

**（1）企业营销型官网关键词 SEO 优化。**

核心关键词 3~5 个（以百度为标准，附带 360、搜狗、移动端）。

**（2）B2B 平台/垂直行业平台（高权重付费免费结合付费）。**

**用途分析**：实现企业信息、产品信息、服务信息最大化曝光。通过 SEO 优化大量精准关键词在各大搜索引擎获得首页自然搜索排名，获得精准流量。为企业官网导流，提升网站外链。

**解决方案**：官网关键词优化的数目有限制，围绕核心关键词相关的关键词有几千个，这些长尾关键词在很大程度上表达的是客户的精准需求，B2B 本身权重比较高，在优化精准关键词这块有很大的优势，会为我们带来大量精准客户咨询。

**策略**：大量精准关键词群上。

**（3）分类信息网，用途分析。**

国内 30 大高权重分类信息网平台针对目标市场区域进行大量关键词大范围的信息覆盖，增加目标区域客户检索概率。

**解决方案**：如同 B2B 优化的作用一样，分类信息网主要针对一些目标市场区域做精准的内容信息发布优化，达到信息覆盖和精准关键词排名的目的。

**策略**：大量精准关键词群上。

**（4）博客，用途分析。**

通过高权重各大门户网站博客一方面实现企业信息、产品信息、服务信息的宣传和推广；另一方面为网站 SEO 优化排名起到辅助作用。

**解决方案**：创建企业官方博客、微博。如新浪博客、网易博客、搜狐博客、天涯博客、凤凰博客、轻博客；新浪微博、腾讯微博。

**策略**：坚持分享企业新闻动态、客户案例和服务相关的内容保持不断更新，与用户进行互动。

**（5）论坛/贴吧，用途分析。**

针对不同的行业产品选择有针对性的论坛/贴吧进行软文的策划、发布、分享、传播，迅速实现品牌和口碑的宣传和推广。

**解决方案**：选择目标客户人群聚集的论坛贴吧如天涯论坛、新浪论坛、网易论坛、猫扑，通过高质量文案渗入，影响目标客户决策。

**策略**：文案经过精心策划直击目标客户痛点。

**（6）互动问答平台，用途分析。**

通过策划高质量的问答来解决一些潜在有需求的客户疑问，从而通过口碑的宣传和引导为企业官网导流，实现最终实现转化成交。

**解决方案**：通过百度知道、知乎、天涯问答、360 问答、sogou 问问、新浪爱问等知识分享交流平台策划问答信息，引导目标客户决策。

**策略**：保证质量的前提再提升数量。

**（7）视频网站，用途说明。**

通过国内主流的视频网站发布企业宣传视频、产品展示视频、营销活动视频等到目标客户关注的类别，通过关键词优化在视频搜索中获得良好排名，从而达到宣传推广的目的。

**解决方案：**录制产品展示视频上传到优酷、土豆、爱奇艺、腾讯等视频网站，设置好标题关键词进行推广。

**策略：**原创＋创意视频。

**（8）文库平台，用途分析。**

通过上传分享专业的行业知识，解决潜在客户的疑问，同时通过专业的文案策划引导目标用户成为忠实粉丝，培养用户对品牌的认知和信任，树立企业专业形象。

**解决方案：**百度文库、360文库、豆丁、道客巴巴等专业文档分享平台上传企业服务相关的文档介绍，增加专业性和权威性。

**策略：**高质量文档内容和多样的文档形式。

**（9）百科，用途分析。**

创建高质量的企业百科词条，打造权威互联网名片，提升企业品牌形象。

**解决方案：**百度百科、互动百科词条创建。

**策略：**高质量内容策划。

**（10）社交网络平台，用途分析。**

通过各大粉丝聚集的社交网络平台的运营，增加目标用户之间的互动和传播，提升企业与用户的联系和黏性。

**解决方案：**通过豆瓣、人人网、开心网等社交网络平台的深度运营积累大量粉丝，与用户保持互动，实现口碑和品牌的传播。

**策略：**重在内容时效性。

**（11）新闻源，用途分析。**

通过权威的新闻源平台发布企业的新闻动态，增加企业的网络曝光率和知名度，扩大品牌的影响力。

**解决方案**：选择腾讯、新浪、网易、搜狐等主流及一些区域性网络新闻媒体发布企业宣传文案，增加企业品牌的权威性和知名度。

**策略**：保持有规律的曝光。

**（12）自媒体平台，用途分析。**

通过目前最火的自媒体平台运营和推广实现企业信息在 PC 端和移动端的同步宣传和推广，大数据网罗精准用户。

**解决方案**：创建企业在微信公众平台，今日头条、百家号、搜狐自媒体、UC 头条、北京时间号等主流自媒体平台将高质量的内容主动推送到感兴趣的目标精准客户，在很大程度上解决了移动端推广的大难题，将是公司超越同行的一种推广手段。

**策略**：通过内容策划实现品牌推广和营销的目标。

**（13）精准网盟广告/信息流广告。**

通过对互联网用户的大数据分析，投放精准网盟广告，让企业与目标用户实现最快链接。

## 六、自媒体是精准传播的解决方案

移动互联时代，大传播已经成为过去式。企业用传统营销方式进行品牌塑造和营销活动，不仅费时、费力，效果也不理想。

而基于移动互联网的自媒体运营逐渐成为新时代背景下精准营销模式中的重要部分，但我们总要找到一个突破口，不可能像某些人说的，全平台、全媒体营销。如果要什么有什么，按需分配，我们就不需要策划和营销了。

**形成以微信、头条平台运营为核心，以微博、百家号、搜狐**

等自媒体平台为辅助的自媒体运营矩阵，成为企业在移动互联时代精准推广的重要手段，再通过社群进行转化和裂变。

然而，对于更多处于转型升级中的中小企业而言，自媒体营销有哪些优势，如何进行有效的自媒体营销运营，成为摆在他们面前的难题。

结合过去两年的项目经验，提出以下几点建议：

### 定位和规划，精准推广的基础

相比定位宽泛的全媒体平台，专注于核心自媒体更具备优势和爆发力，由于定位人群垂直和专业，可以迅速切入核心群体，形成口碑。

**这里简单阐述一下自媒体策划的基本内容：**

如微信公众平台，可以聚焦品牌形象传播和落地，实现用户有效连接和交互，最终实现圈聚粉丝，转化消费者心智。

以深知服务策划的迪确美品牌为例，迪确美的品牌定位是绚丽生活创造者，激情、个性突出、娱乐化的生活态度，平台对应的是绚丽生活空间。

迪确美代表着创意、好玩与环保的创意涂鸦及家居喷绘产品，那么迪确美微信平台应让人感到创意、好玩与环保的品牌价值。

以吻合品牌调性、契合人群需求的内容。以新颖有趣的互动、高附加值的平台功能，做一个走心的品牌沟通者，让用户找到乐趣与价值，通过平台模块的优化建设，强化粉丝的极致体验，最终形成庞大的社群交互圈，从小众到大众，从小品类到大品牌，实现平台化和生态化。

迪确美双微平台定位：绚丽生活空间；迪确美双微平台名称：绚丽生活·迪确美。

迪确美双微平台人格化形象：人鱼小迪，如图 6-1 所示。

图 6-1　人鱼小迪

性格：天生爱玩，鬼马精灵。

人生信条：青春不常在，抓紧嗨起来！

冰雪聪明、天生爱玩的小迪是迪确美品牌的代言人，她鬼马精灵又热爱手工，她天生丽质又造型百变。

内容规划：清晰的栏目，通过内容策略让微博变得和媒体一样，值得粉丝持续关注。

每一条内容要与微博定位强相关。

每一条内容都要以"小迪"的拟人化口吻来撰写。

每一张配图都需要去除水印、logo 等无关信息。

微博内容不提及其他品牌或产品。

围绕这个定位开展的平台运营活动，以场景化为核心，主推三个黑科技场景解决方案。

分别是居家防霉防潮、出行防水、开车防雾，做到非常有针对性，刺激当下的消费和提升体验。

另外，为提升活动的参与感和趣味性，加入了 H5 拼色小游戏互动、色彩创作攻略分享、创意改色作品征集、黑科技产品评测等一系列活动，瞄准核心涂鸦群体，建立品牌势能，影响 DIY 群体，引领大众群体，聚集迪确美产品的精准粉丝消费群。

这样也就使得新媒体平台在营销中的主要作用不仅是依靠粉丝量来提高品牌曝光度，增加用户对产品或服务的好感度，利用口碑传播和品牌影响力提升，同时更是通过这样升级的交互方式促成营销的终极目标，即交易。

### 开启联动营销，拓宽销售渠道

在进行自媒体平台营销运营活动时，要灵活运用各大平台自有的营销工具，利用多客服、微现场、微团购、微页面、封面秀等多种营销工具，在用户的碎片化时间中，开展线上线下一体化的营销互动。

同时，借助具有微分销功能的移动营销平台服务商，裂变式发展分销商，让更多的人帮助企业售卖产品，从而降低企业的固定人力成本和营销推广成本。

例如玩物志、一条等小众电商在入场小程序之后，平台联动活动，利用工具和场景化方式，收获了微信当中的社交裂变红利，实现流量与转化的双增长。

生鲜果品类企业商户则可以通过新媒体平台上的投票功能对用户喜爱的产品进行微投票调研，同时还可以对用户的预购数量、发货要求等信息做数据分析，开展微团购运营活动；有线下门店的企业还可以将活动信息通过微信公众号群发功能推广出去，通过线上便捷下单，线下快速取货的方式进行营销活动。

## 切入社交电商和社群，融合互联网商业模式，快速实现转化和裂变

根据艾瑞咨询数据显示，2016 年 Q3 中国移动购物市场交易规模达 8201.5 亿元，其中移动端占比达到 71.6%，同比增长 15.0%，渗透率持续提升；而在刚刚过去的双十一电商活动中，在天猫平台 1678 亿元的成交额中，移动端成交占比超过 90%；这些数据都表明消费者的眼球和消费行为已经迁移到了移动端，布局移动电子商务已经迫在眉睫。

在当前移动互联"去中心化、去平台化"的趋势下，基于微信等新媒体平台可以绕开淘宝、京东等大型中心电商平台，直接通过小程序、微商城和微分销体系开展移动电子商务。这样不仅仅能大幅降低企业的营销活动成本和技术开发门槛，还能通过微营销体系快速建立会员数据库，对会员信息进行分析、挖掘，开展精准化营销或个性化服务。

移动电商和新商业模式融合（如分享模式），快速实现投资者、消费、创客的平台化，用投资和解决方案的方式，摆脱单纯卖产品的尴尬，用价值包和解决方案快速实现商业变现和销售转化。

如迪确美产品，如果单纯卖产品，消费者就会比较价格，我们改成三种黑科技解决方案，消费者购买时转化为比较价值，从体验和投资的角度来看产品和服务的解决方案，价格的敏感度大为降低，通过投资、消费和创客的加入，快速推动产品的销售和

品牌以及平台的形成，为后续市场推广和资金回笼创造了极为主动有利的条件。

所以，广告费浪费了一半，但又不知道浪费了哪一半的世界难题，在自媒体时代可以得到很好的解决。因为我们做到了精准推广，又达到了商业变现和销售的转化。

### 社群转化和裂变的玩法

传统营销高举高打，广泛覆盖，渠道致胜，无差异营销，但互联网时代，是个性化，小而美产品。对很多小企业和小品牌来说，绝对是好事，因为这些产品也有崛起和脱颖而出的机会。

传统渠道和大传播已经失效。为什么失效？因为大传播和渠道的力量在减弱，小众和个性化需求不足以支撑这么大的传播和渠道构建。

**社群和圈层化营销时代来临了。**

**社群运营五大要点：**

**第一要点：亚文化。**

互联网时代，确实是"物以类聚，人以群分"。

**那些有基于某个产品或者事业的理想，把大家聚集在一起，为了某个确信的目标而努力，最后完成目标，这样才叫社群。**

**亚文化是社群驱动的核心力量。**

**第二要点：组织。**

最重要的事情是做好系统和平台的搭建，然后再做好模式、分配和提成机制，最后是完善群内规章制度。

**第三要点：内容。**

我还是认为，需要有一个产品或者项目，围绕产品和项目来进行内容的输出。

最大痛点无非就是要通过社群怎么变现的问题。

可以是定期专业语音分享，可以是高质量的文章，也可以组织线上活动或线下活动（形式可以多样，如酒会、沙龙、研讨、某个主题分享、专家讲座、论坛。

**第四要点：运营。**

非常重要的一环是运营。

为什么有人运营得好，有人运营得一般，这就需要长期积累相关资源和技巧。如素材、图片、文字资料，需要长期的锻炼，做东西才有效率和效果。坚持持续的原创输出和有价值的内容，并形成亚文化群和粉丝基础，这才是驱动力。

**第五要点：裂变。**

通过前期的探索，种子用户的获取，内容输出和运营，已经有了基础的流量和活跃度，但需要快速的复制和裂变。

怎么裂变？自己一个个找消费者，太难了。你要先找 B 端客户（从种子用户中来），通过服务、赋能，提供系统化工具和方法，快速将流量进行转化，以存量获得更多的增量，这就是我们说的复制和裂变。

简单地说，是用系统促进对 B 端的赋能，并通过 B 端服务 C 端，进行裂变。

任何事情都需要坚持，一天两天很容易，一个月、两个月就有点难，一年、两年更加困难。如果要坚持五年、十年，那就是一种热爱了，不成功都难！

这就是社群的玩法，传统营销已死，社群营销来临，这也是精准营销的时代！

一个客户的原话：

过去十年，很多营销行为是逆这个（社群，作者注）潮流而行的，勇敢的逆行者们，终将沉没！这些沉没者有着相似标签：大品牌、大企业、大营销。

"农村包围城市"，过去是神话，从现在开始将是个笑话！

工业文明的顶峰已过，过去所有的营销认知和理论都是建立在工业文明基础上的！

生产者和消费者分离，这是工业文明时期影响营销认知理论的原点！

今天，原点变了！

结论：传统营销的所有理论体系都将崩塌！

# 第七章
## 精准营销经典案例

### 一、跨界创新，极速前行：星牌马龙新零售模式全案分析

**图7-1　星牌马龙**

如图7-1所示，中山星牌马龙涂料有限公司隶属于中山大桥化工集团有限公司。中山大桥化工集团30多年来一直致力于汽车涂料和工业涂料的销售，在国内属于绝对的技术领先，是少数几个涉及所有涂料领域的公司之一。然而，面临国际大品牌在中国市场的深耕、国内小品牌的低价竞争、互联网品牌的迅猛发展，大桥化工发展渐遇瓶颈。这时，星牌马龙应运而生。

## 汽车后市场的新可能

中国汽车后市场销售额已由 2005 年的 880 亿元增至 2015 年的 8000 亿元。预计未来几年中国汽车后市场增速将继续保持稳定增长。而且，汽车后市场整体行业利润可以达到 40%～50%，个别细分行业的利润甚至可以达到 100%～200%。

但是，汽车后市场仍处于低层次竞争阶段，集中度低、专业化程度低的发展状态。汽车 4S 店、知名品牌快修保养美容连锁店、专项服务店是三大主要渠道，其中 4S 店为主导（占比 60%），快修品牌连锁、美容品牌连锁崛起。

而国际、国内大品牌布局快修市场，竞争日趋激烈。其中代表品牌世博，是国际品牌在本土发展的佼佼者，不拘泥于某个具体服务，提供一站式快修服务解决方案。有壹手，高性价比的互联网 O2O 快修服务平台。竞争对手依靠资本优势已保持一定的市场份额，星牌马龙作为新晋品牌，结合自身优势，着力解决消费者痛点是第一要务。

消费者的痛点是什么？

根据消费者研究发现，去 4S 店的用户较之 2008 年有所下降，用户分流至维修公司与连锁店，新出现的专业维修店与美容店也占据了一定的市场份额，消费者对售后服务机构的选择呈现分散的趋势。价格高是车主脱离 4S 体系的主要原因，用户选择维修保养地点时，价格、维修速度、诚信程度是消费者最为关注的三大因素。

作为一个新晋品牌，我们需要着力解决消费者的痛点，把握核心需求是新生品牌取得成功的关键要素。保养、补漆、钣

金是频次最高的维修项目，占据 8 成的用户需求，如图 7 - 2
所示。

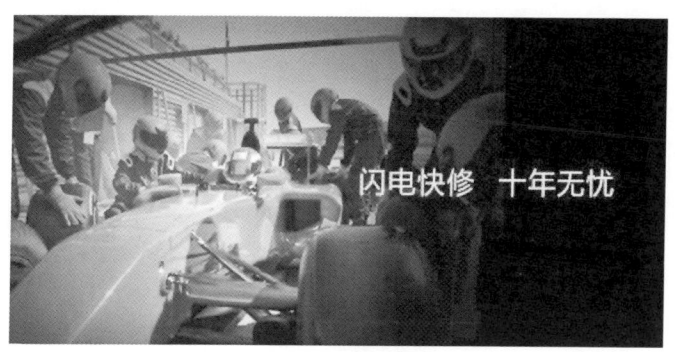

图 7 - 2　维修保养

因此，星牌马龙作为一个新生的品牌，应利用自身技术与产
品优势，解决消费者痛点，锁定专业的细分市场——车漆维修，
以此为切入口，进而构建属于自己的业务生态，从而在汽车后市
场占据一席之地。

### 构建品牌价值体系，人格化品牌 IP

明确了星牌马龙的品类定位车漆维修后，我们定位星牌马龙
为：车漆快修服务体验中心！

车漆快修——清晰明了地告知车主我们的业务是什么

服务——除核心业务以外，我们还提供诸多与车生活相关的
服务项目

体验中心——我们不仅是汽修店，还为车主提供愉悦的修车
体验

并且我们需要将品牌 IP 人格化——MR 闪电（豹哥），如图

7 - 3 所示。

**图7 - 3　MR 闪电（豹哥）**

汽车狂魔，天生爱车，爱机械，血管里永远涌动着95#血液，关于所有汽车的知识，永远烂熟于心；

改装达人，爱不拘一格，喜欢让自己的座驾与众不同，钟爱炫酷与舒适的完美结合；

速度之神，在追求速度的道路上永远信奉更快一点！不管是在公路上还是在车库里！

所有关于汽车改装维修的问题就交给 Mr 闪电吧！

TA 就是闪电！

同时，将文字视觉化、品牌视觉化

**场景化产品策划，构建产品体系**

毫无疑问，"车漆修补"是星牌马龙的核心业务，因此，"钣喷"是最基础也是最核心的业务。而汽车美容业务是主要的流量入口，应把握流量最大的洗车、内室清洁、漆面美容、贴膜等核心业务，但不过度放大范围。另外，主流产品：汽车装饰用品、安全用品；趋势产品：汽车电子用品、养护用品；核心业务：全车改色、轮毂改色；补充业务：内饰改装，如图7-4所示。

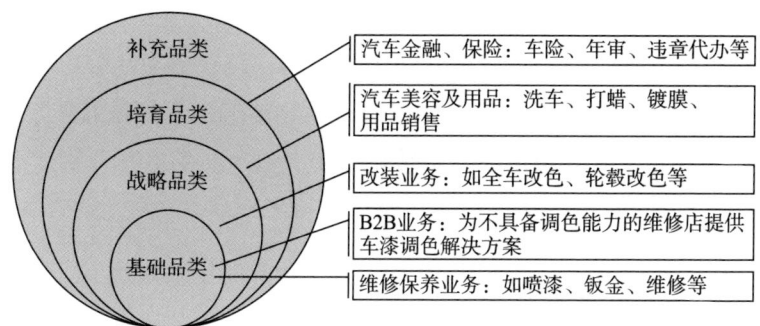

图7-4 星牌马龙的业务

场景化产品塑造，是产品塑造的最佳方式。场景是产品的逻辑，更是互联网时代产品的解决方案。场景产生流量，场景形成刚需。根据星牌马龙产品的使用场景，我们建议成立钣金中心，消化小店订单。维修厂、街边店、个体店不愿承担调色与喷色风险，可与之合作，消化其订单，统一送到钣金中心维修。同时，结合新零售概念，成立新零售项目。

新零售，即企业以互联网为依托，通过运用大数据、人工智能等先进技术手段，对商品的生产、流通与销售过程进行升级改造，进而重塑业态结构与生态圈，并对线上服务、线下体验以及现代物流进行深度融合的零售新模式。新零售不仅是2018年的风口，也是未来几年零售业的发展方向。具体操作是在原来调色系统基础上新增32英寸设备触摸屏显示、二维码支付系统、称重系统、广告播放、车用服务销售等功能，将其制作成为调色设备。先在维修厂、洗车店、美容店等小店投放使用，后期不断完善设备实际使用中发现的问题，可在停车场、社区内投放。

### 自媒体精准营销，输出品牌产品内容

完成品牌与产品规划后，需要通过自媒体平台为品牌内容发声，围绕星牌马龙产品服务本身进行内容输出，并实现用户有效连接/交互，从而圈聚粉丝，转化消费者心智。那么，我们需要先从功能和调性上明确星牌马龙自媒体平台的定位。如图7-5所示。

**图7-5　星牌马龙自媒体平台**

从功能上，自媒体平台应通过平台模块的优化建设，强化粉丝的极致体验，核心是在完成粉丝的聚拢之后，通过闪电活动的展开、闪电商城等功能的开发，实现与粉丝的关系维护，将他们转化成我们想要的核心用户，黏着在这些服务和应用之上反复体验或使用。最终形成庞大的社群交互圈。

在调性上，星牌马龙代表着极速、极致、个性与激情的汽车

维修及改装服务，那么星牌马龙双微平台对应的是让人感到极速、品质与贴心的品牌价值；而星牌马龙的目标群体是爱车达人，讲究激情、个性突出、娱乐化的生活态度，那么平台对应的是燃爆生活空间。

星牌马龙的自媒体平台定位为燃爆生活空间，平台名称为车漆快修·星牌马龙。

确定自媒体平台定位后，我们一并规划了对应的微博微信具体内容、栏目设置、功能设置与粉丝互动活动，内容以主题性互动、节日性互动、持续性征集活动进行粉丝互动，星牌马龙搭建自媒体双微平台，围绕产品服务本身（即车漆快修、汽车改色、色彩解决方案等核心业务）输出内容，如图7-6所示。

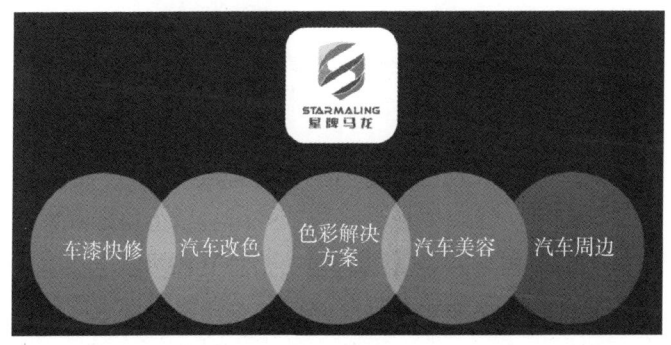

**图7-6　星牌马龙搭建自媒体双微平台输出内容**

以品牌IP"豹哥"和用户沟通，同时遵循有趣、场景、社交的联动法则和粉丝互动，采用自媒体联动和全网联动两种方式，深度影响消费者心智，进而形成固定化内部粉丝互动，强化内部口碑，并打造大型全网事件营销，快速扩大市场影响力。

在双微平台定期发起主题活动，如"火眼金睛"号召粉丝来

"找茬"，找出修补后的颜色。以及"豹哥福利"每月定期举行，寻找优质粉丝，针对其改色需求，征集改色方案，调动粉丝参与热情。以一系列的活动提高粉丝黏性，并在日常推送和主题活动中，向粉丝传递星牌马龙的核心产品业务、产品卖点等内容。

另一方面，打造热点事件，塑造产品及内容可传播性，引发主动传播行为，吸引大众对星牌马龙的关注，影响普通大众，进而转化为品牌粉丝。

### 借助主题活动，引爆品牌新门店

**图7-7　星牌马龙体验中心**

如图7-7所示，在完成品牌与产品架构搭建后，我们需要一场活动为新品牌造势，建立市场对星牌马龙的认知，同时引流用户到线下体验中心感受星牌马龙车漆快修服务，拉近品牌和消费者之间的距离，赢得消费者口碑，提升品牌影响力。

活动主题思考：色（色彩）包容万物，它是多样和自由的表现，它可以是情感表达，可以是属性特征，也可以是视觉体验，色最能引起人内心共鸣；本次活动采用"随你色"为主题也正是如此，首先它契合星牌马龙的核心功能服务——车漆快修、汽车改色。此外，"随你"带有的暗示作用，加上"色"丰富的延展性，最能引起星牌马龙目标客群的心理共鸣，吸引消费者关注。

活动传播策略上，围绕星牌马龙车漆快修价值主体，传递车漆快修、汽车改色、色彩服务等核心功能服务，吸引全民参与O2O互动，影响汽车改装达人、专业机修师、普通车主用户等核心消费人群。

活动传播上，以一张重磅福利的随你色趣味喷涂活动的宣传页为起势，汇集线上互动；以落地揭幕的喷涂活动为焦点，搭建和消费者之间直接互动体验的桥梁；以活动方星牌马龙品牌为延伸，输出品牌价值认知，赢得消费者口碑，如图7-8所示。

图7-8 宣传页

活动前期，以微信朋友圈 H5 活动广告精准投放为开端，覆盖中山本地车主人群，征集活动参与者；今日头条等 7 家资讯 APP 端口进行活动预热图文首页推荐，加强活动宣传扩散。活动前 3 天，以星牌马龙车漆快修体验中心为原点，对半径在 5 公里范围内的人流集中区域进行覆盖式传单派发。在活动现场，聚集了新浪等 15 家媒体现场采访报道。后续传播以各大门户网站新闻稿、现场活动视频报道及贴吧论坛大量输出，再次制造大面积传播，引发大众更深度地关注本次事件活动、打造活动的意义以及项目，影响力再度升级，如图 7 - 9 至图 7 - 12 所示。

图 7 - 9　微信朋友圈 H5

图 7 - 10　线下派发传单

图 7 – 11　易拉宝

图 7 – 12　活动现场通过选手上手实际操作，展现星牌马龙车漆快修
和车身改色的服务本质

在互联网时代，要连接掌握自主权的受众，必须是能卷入利益或情绪的内容。这次活动站在用户的角度，以参与式的趣味体验活动及丰厚的福利让众多兴趣受众参与进来，并将他们的活动内容再创作，再通过一系列的推广宣传抵达用户心中，建立了独特的形象概念，让"随你色""趣味喷涂""水性漆"成为受众主动谈论的话题，无形中提高受众对品牌营销的接受度。

而且在新媒体传播时代，必须让每一次传播点足够单纯，传播通路足够清晰明了。无论是微信 H5 还是资讯推送，都紧扣活动主题并层层推进。而在投放策略上，虽然越来越倾向新媒体渠道，但仍然没有忽略线下传播的重要性，通过线上线下的联动，把目标受众聚集导入到微信客户群组中，再以共同的话题进行活动传播，取得了较好的传播效果。

## S2B2C 商业模式助力品牌腾飞

S2B2C 是一种全新的商业模式，也将是未来商业模式的发展方向。品牌方打造平台系统 S，提供标准化的产品和服务、统一的供应链系统，赋能小 B 企业，由小 B 企业对 C 端客户提供深度服务。对星牌马龙而言，这里小 B 企业包括维修厂、洗车店、美容店等。

通过这种模式，星牌马龙迅速吸引 20 多家加盟商投资加盟，在原有 5 家直营店的基础上建立流程规范标准化，进而推广复制到其他加盟店，快速建立品牌知名度。并且通过平台赋能加盟商，为加盟商提供培训、技术、产品、导流等综合服务，与加盟商共同深度服务 C 端用户，共同创造利润。

## 二、创见大未来：迪确美创意自喷漆全案操盘分享

图 7 - 13　迪确美

如图 7 - 13 所示，迪确美，一个创意自喷漆新品牌，隶属于中山大桥化工集团有限公司。中山大桥化工集团有限公司创建于 1985年。大桥化工集团深耕中国涂料行业 30 多年，旗下拥有金树、星牌马龙、迪确美三大品牌。作为一个新品牌，迪确美如何从核心人群切入，以涂鸦和汽车改色等创意自喷漆发烧人群为原点，逐步影响大众人群，从而成为创意自喷漆的开创者呢？如图 7 - 14 所示。

图 7 - 14　创意自喷漆宣传

## 大数据分析自喷漆市场，窥见大市场

从自喷漆产品阿里巴巴电商数据可以看到淘宝、天猫近 30 天销量排名前 11 位、月销量过万的仅 4 个产品，不仅成交量低，成交额也较低。单个价格集中在 10 元以下，且价格与销量成反比，高价格的产品被接受程度低。整体自喷漆淘宝、天猫市场规模初步估计为 80 万/月，根据二八原则，加上五页以后的长尾效应，整个淘宝天猫市场月销量约为 100 万元。叠加其他网络平台（如京东、苏宁、当当、车蚂蚁及其他中小网站）以 1:1 对标淘宝计算，整个自喷漆网络市场预计不超过 300 万元/月，全网自喷漆年销售规模预计为 3500~4000 万元。可以说，自喷漆市场尚有巨大的发展空间，如图 7 - 15 所示。

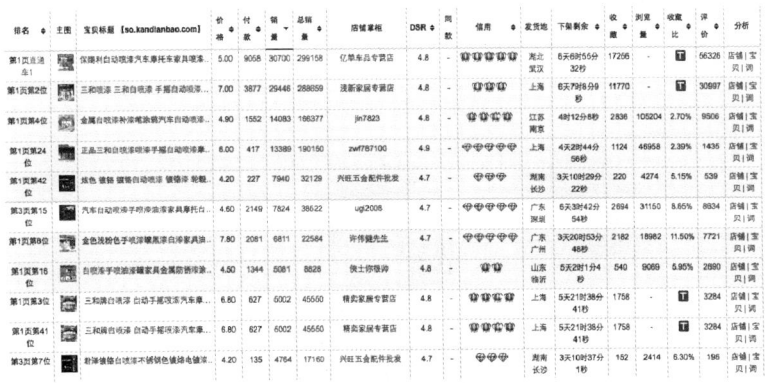

**图 7 –15  自喷漆销售规模**

数据来源：阿里大数据抓取

从其他自喷漆品牌的关键词投放可以看出竞品的主要产品组合，保赐利锁定"汽车""摩托车"等关键词，三和同样锁定"汽车""摩托车""自行车"，好顺以"金属喷漆""轮毂喷漆"为关键词。可以看出，目前市场销量靠前的自喷漆产品，均为功能全面、各领域都能应用的自喷漆。但是专业度严重缺失。又因汽车车漆修补需求最大，卖家也重点突出车漆修补等卖点。

通过阿里巴巴大数据可以了解到消费者的使用习惯，他们将自喷漆除部分用于轮毂改色外，大部分都用在汽车以外，他们最看重自喷漆的实用性和创意性。

根据我们对自喷漆行业电商数据的深挖，可以看到自喷漆市场小、不专业，消费者消费意识未被唤醒，普遍不知道怎么玩。那么当下，应对现有自喷漆市场，最重要的是如何激活沉睡的消费需求，用创意引领消费潮流。

### 大时代洞察新生代心理，洞见新可能

除了了解自喷漆的行业现状，了解消费者的心理现状也尤为重要。先从整体的消费者构成来看，目前，上层中产及富裕阶层、新生代以及网络购物已成为驱动消费的主要动力，而新生代力量和网购消费者快速超车。在我国，成熟的新生代消费者（15~35岁）在中国城镇 15~70 岁人口中占比为 40%，这一比例在 2020 年将达到 46%。预计新世代的消费力将以年均 14% 的速度增长，这一速度是上一代消费力增速的 2 倍，新老两代消费者形成了明显的双速并行趋势。

而且新生代对个人经济情况较好的预期和较高的消费意愿，拥有较高的消费信心指数，如图 7-16 所示。

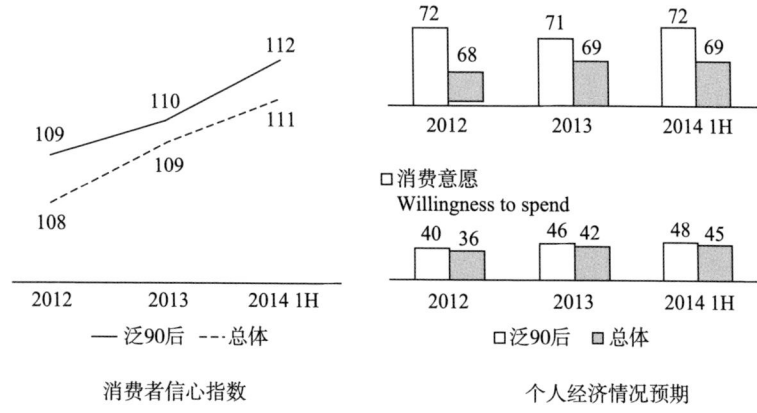

图7-16 消费信心指数

新生代对于品牌商而言：既是现在，又是未来。那么我们面对的新生代是怎样的群体呢？

据尼尔森《新世代生活形态及价值观研究》，我们面对的新生代有以下特征：为喜欢买单、跟"我"玩在一起、爱分享、爱社交、不娱乐就会死。

他们对品牌的态度是：你若端着，我便无感！他们认为，功能是必需的，情感是强需，他们为喜欢买单，他们觉得你若装，我便无感。

那么迪确美诞生的意义何在？

我们要让自喷漆更专业、更环保、更好玩！我们将带领新生代尽情地玩耍！

**大策略构建品牌价值体系，实现品牌IP化**

对新生品牌而言，要实现品牌的IP化，首先必须圈定小众社群，同时为品牌制定完整的规划，通过后续的系列运作实现品牌人格化。

通过消费者细分，我们找到了迪确美的目标人群。涂鸦群体是迪确美最核心的小众群体，他们是艺术创作者，是大众膜拜的对象，他们需要专业、品质高的自喷漆来表达自我创意、展示自我意识，追求个性、创意、自由，满足自己的精神追求。DIY 群体也是迪确美的目标群体之一，他们是动手达人，需要专业的自喷漆和 DIY 指南，崇尚自己动手，富有独立精神，并且他们能通过圈子吸引大众关注。另一个重要的目标人群便是喜欢动手的大众群体，他们需要专业的自喷漆和使用指南，来达成目标并收获动手的成就感和愉悦。迪确美需要界定这些小众社群，瞄准目标群体，建立品牌势能。

涂鸦本身并不值得膜拜，新生代喜欢自喷漆是因为：他们想玩创意。

因此，我们确定了迪确美的品牌定位：迪确美，绚丽生活创造者。我们为用户提供丰富的自喷漆产品，绚丽生活色彩、提高生活品质；我们是创意自喷漆的开创者，我们为用户创造绚丽多彩、充满创意和愉悦的生活。

确立了品牌定位之后，我们需要强大的品牌背书支撑。31 年专注涂料领域＋首个自喷漆科研中心＋水性环保材料＋涂鸦大赛合作方＋涂鸦大师，五位一体，凸显迪确美品牌底蕴深厚、技术专业、材质环保、极具创意的特点，与其他自喷漆形成明显差异化。

围绕品牌定位，我们延展了迪确美品牌的个性价值：创意、好玩、环保。结合消费者对自喷漆的实用性要求，迪确美品牌个性是：有用、有趣、有爱。

除了功能需求，我们还能为用户带来什么情感利益？品牌主张个性自造，好玩到爆！

在确定了迪确美的品牌定位、价值、个性主张后，迪确美 IP 化视觉形象我们也设计出来了："小迪"

她，来自绚丽多彩的海洋世界；

她，在深蓝海底自由嬉戏；

她，与人类谱写爱的童话；

她，因星爷的影片，成为"海洋环保的守护者"。

以美人鱼为主体，可采用各种色彩、各种形态对接各种场景，创作空间大，十分有利于品牌的网络传播。以美人鱼为切入口，构建属于迪确美的内容世界，我们收获的是整个海洋。

她代表了绚丽、好玩、环保、有爱、创意。

同时，我们希望"小迪"形成统一且持续的语言风格，始终与用户保持亲密沟通。从而构建迪确美的专属社群，打造成互联网第一的创意自喷漆。

**大生态构建迪确美产品组合，场景化产品策划**

场景是产品策划最好的方式，针对迪确美产品应用的三个主要场景：家居、出行、开车，结合其产品卖点，打造迪确美"三大黑科技"：家居防霉、出行防水、开车防雾，解决用户家里墙体发霉、下雨天出行鞋子容易被打湿、汽车玻璃容易起雾这三个痛点，如图 7 - 17 所示。

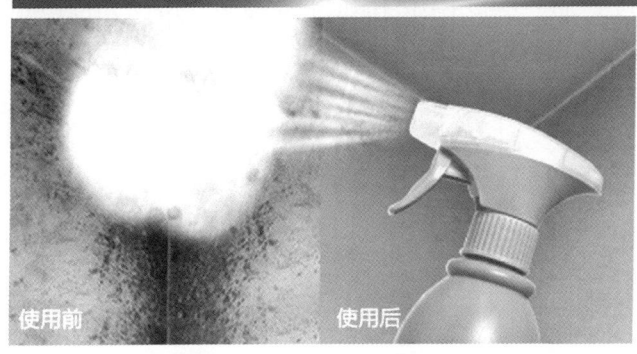

**图 7 –17　场景化产品策划**

**迪确美产品体系如图 7 – 18 所示。**

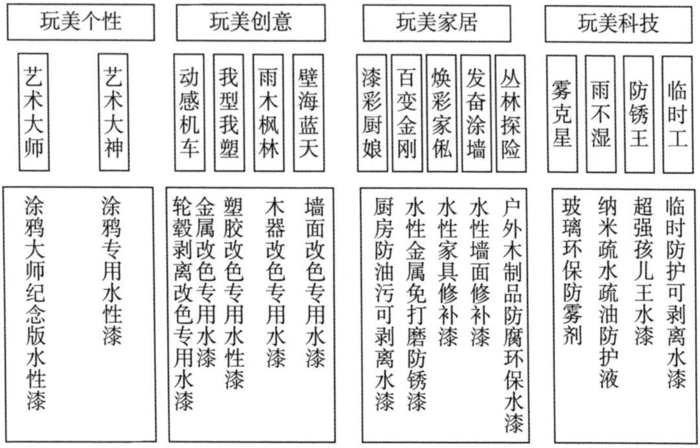

| 玩美个性 | | 玩美创意 | | | 玩美家居 | | | 玩美科技 | | |
|---|---|---|---|---|---|---|---|---|---|---|
| 艺术大师 | 艺术大神 | 动感机车 | 我型我塑 | 雨木枫林 | 壁海蓝天 | 漆彩厨娘 | 百变金刚 | 焕彩家俬 | 发奋涂墙 | 丛林探险 | 雾克星 | 雨不湿 | 防锈王 | 临时工 |
| 涂鸦大师纪念版水性漆 | 涂鸦专用水性漆 | 轮毂剥离改色专用水漆 | 金属改色专用水漆 | 塑胶改色专用水漆 | 木器改色专用水漆 | 墙面改色专用水漆 | 厨房防油污可剥离水漆 | 水性金属免打磨防锈漆 | 水性家具修补漆 | 水性墙面修补漆 | 户外木制品防腐环保水漆 | 玻璃环保防雾剂 | 纳米疏水疏油防护液 | 超强孩儿王水漆 | 临时防护可剥离水漆 |

图 7 – 18 迪确美产品体系

**产品包装展示（部分）：**

**（1）艺术大师如图 7 – 19 所示。**

图 7 – 19 艺术大师

**（2）艺术大神如图 7 – 20 所示。**

图 7 – 20 艺术大神

（3）雨不湿如图7－21所示。

图7－21　雨不湿

（4）雾克星如图7－22所示。

图7－22　雾克星

（5）霉无影如图7－23所示。

图7－23　霉无影

以事件营销推广迪确美三大黑科技，展现迪确美家居类黑科技产品特性，同时将该活动打造为迪确美品牌线上线下联动的标志性活动，增加品牌曝光度，为销售引流，为双微平台引流粉丝。

以"创意生活家，爱搞黑科技"为活动主题，在微博微信平台向用户征集"防水、防雾、防霉"的创意解决方案，娱乐时尚、中山吃喝玩乐等 KOL 主动参与转发，影响更多粉丝参与有奖创意征集活动。同时，朋友圈、微博相关物料设计打造满满的黑科技感。官方微博同步以话题讨论开始预热活动，持续一周，每天精选 3 个征集到的创意解决方案进行分享并联合 2~3 个生活类微博大 V 进行互动转发评论，引发关注，并引流至迪确美微信平台，如图 7－24 所示。

微信朋友圈广告

官方微博相关设计

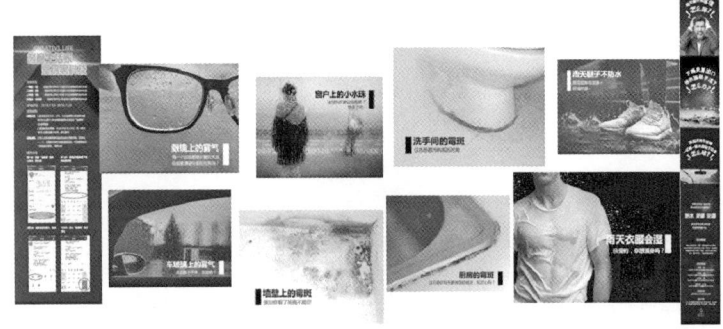

**图 7－24　迪确美广告**

活动吸引众多粉丝参与，用户留言满满干货，如图 7 – 25 所示。

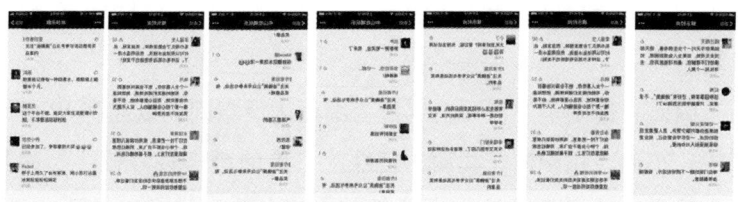

图 7 – 25　吸引众多粉丝参与

活动效果良好，活动整体曝光超过 45 万，如图 7 – 26 所示。

微博阅读量：**22万＋**

迪确美微信公众号增粉：**800＋**

微信公众平台整体阅读：**4.5万＋**　　　　　　整体曝光：**45万＋**

朋友圈广告整体曝光：**15万＋**

活动参与人数：**200人＋**

图 7 – 26　活动效果良好

**自媒体精准营销，传递产品服务内容**

迪确美的自媒体平台在功能上，通过平台模块的优化建设，强化粉丝的极致体验。核心在于完成粉丝的聚拢之后，通过创意自喷漆活动的展开，实现与粉丝的关系维护，将他们转化成我们想要的核心用户，黏着在这些服务和应用之上反复体验或使用，最终形成庞大的社群交互圈。

在调性上，迪确美代表着创意、好玩，与环保的创意涂鸦及家居喷绘产品，那么迪确美双微平台对应的是让人感到创意、好玩与环保的品牌价值；迪确美的品牌定位是绚丽生活创造者，讲究激情、个性突出、娱乐化的生活态度，那么平台对应的是绚丽生活空间。

因此，迪确美双微平台定位为绚丽生活空间。以品牌 IP 美人鱼——小迪，用幽默、卖萌、任性、自黑的语言日常传达品牌与产品信息。兼具趣味性与专业性的内容分享，让迪确美更专业，并展开个性、创意、有趣的互动活动，让迪确美更好玩。

并在视觉设计上，传递品牌与产品观念，如图 7 – 27 所示。

图 7 – 27　视觉设计

### 打造新零售商业模式，助力品牌招商加盟

深知为迪确美打造平台联合消费者与加盟商、分销商、创客，构建销售管理平台，迪确美在线下开设色彩体验中心，提供产品体验和免费退换货服务；线上联动线下带动销售，打造新零售商业模式，吸引各方投资加盟，如图 7 – 28 所示。

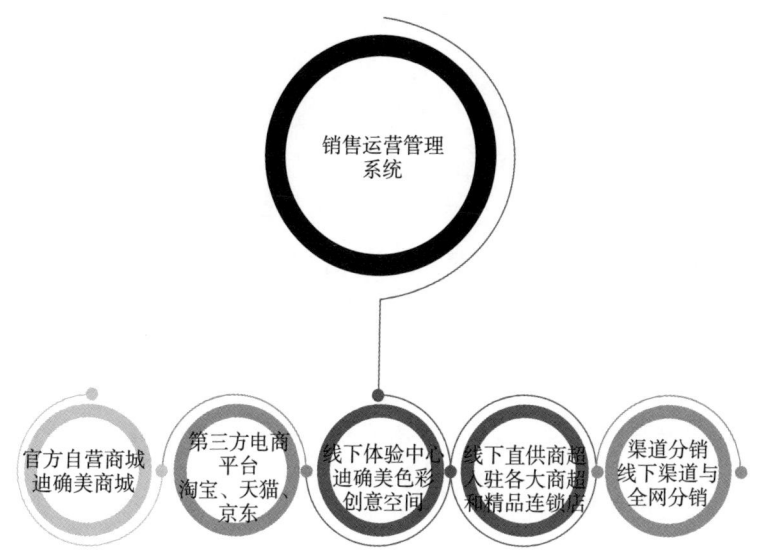

**图 7 - 28　销售运营管理系统**

以上是通过对自喷漆市场的思考、行业分析、消费者研究、结合迪确美品牌自身状况，对品牌和产品、自媒体平台、商业模式做出的完整规划。迪确美是深知从无到有创建的品牌，希望通过迪确美的全案策划和落地运营，不仅帮助迪确美获得更好的发展和指导，也给小品类、小品牌和小市场的自喷漆市场注入新的思想。并打造平台设计新零售商业模式，助力品牌招商加盟，将品牌产品商业模式规划运营落地。

### 三、新商业模式构建生态：牛牛彩从 0 开始，到 5 亿元市场的完美逆袭

#### 借势新零售

牛牛彩是一家专注于即开型彩票辅助销售设备（以下简称售

彩机）的运营公司，其前身为深圳市天天悦彩网络科技有限公司。天天悦彩公司拥有地方体彩中心颁发的体育彩票销售许可证，最初天天悦彩团队在上海地区进行过售彩机投放，受到资金和市场限制，投放数量仅 100 多台。

深知精准营销团队在接触到天天悦彩后，通过市场调研和分析，详细为天天悦彩制定了品牌战略以及商业模式的规划，通过精准营销，借势新零售助力天天悦彩打造了牛牛彩售彩机品牌价值，同时扩大市场规模，实现了商业变现。

### 明晰战略布局，打造智能自助售彩终端行业领导者

天天悦才掌握核心开创即开型彩票辅助销售设备，打造智能售彩第一品牌。即开型彩票自上市以来，就因其便捷、有趣的开奖模式，深受广大群众喜爱。累积筹集公益金已经超过 280 亿元，为中国公益事业做出了巨大贡献。

建立新的售彩机运营品牌，使天天悦彩以即开型彩票为切入点，全面推出即开型彩票辅助销售设备，进一步推动此项公益事业发展，同时提供便捷的购彩体验。

#### 1. 构建品牌新生态

深知精准营销助力天天悦彩品牌再升级，打造公益品牌牛牛彩，以天天悦彩为项目支撑，建立售彩机运营品牌牛牛彩。中国体彩的出现是为了发展国内体育公益事业，而牛牛彩的出现就是让公益事业更加出彩。在这个移动互联网时代，牛牛彩以服务大众为出发点，聚焦于即开型彩票，通过持续的技术研发、精准的市场定位，形成了一条健康稳定的生态服务链，并致力于打造一个智能化的服务平台。

**核心价值：**从体育彩票的社会意义和售彩机的现实意义出发，锁定牛牛彩品牌的核心价值。

锁定牛牛彩品牌核心价值"公益""快乐""便捷"，挖掘品牌延伸点。

**公益：**突破传统的公益枷锁，不拘于时间、空间、形式的限制，让所有人都参与到这一项有意义的事业中来，牛牛彩要创造一个全民公益的环境，让公益如此简单。

**快乐：**让参与牛牛彩或使用我们产品的人，都享受到彩票带来的快乐享受，一方面是极致的购彩服务，另一方面是参与公益事业的幸福感。

**便捷：**紧随移动互联网时代发展的脚步，让购彩者随时随地购买即开型彩票，体验便捷生活。

2. 场景化产品塑造

**提炼牛牛彩产品价值，打造行业新生态，直击行业痛点，对症下药成为行业领袖。**

- 自助销售与兑奖：全天候无人值守，出票后快捷兑奖。
- 建设快成本低：设备移动性强运营维护成本低。
- 综合安全性高：设备防盗、自动报警，保险公司进行设备投保。
- 数字化支付：微信或支付宝支付实现无币化购彩。
- 数据管理：业务信息自动处理提供各种数据报表。
- 增值服务：多种生活服务功能媒体广告投放。

3. 构建信用背书

**体彩中心颁发代销证、多项技术专利、独家全国运营中心、**

**国家领导支持。**

通过企业资质和专利授权，围绕牛牛彩打造了企业背书体系，同时借助彩票的"国家专营"特点，塑造了一个权威、正面的商业形象，配合国家政府领导支持，形成了独特的企业实力展示。

### 互联网商业模式链接产业新未来

1. 创新模式："移动互联网＋公益"

深知精准营销为牛牛彩设计的全新商业模式，区别于传统的商业模式，"移动互联网＋公益"是以开放连接的互联网思维来做公益的创新模式，人人都可以通过牛牛彩这个公益平台奉献爱心，帮助他人，并实现多重收益。

商业共赢：通过项目三大参与者，构建了多重收益模式，以设备代理和创客作为项目投资者，通过资本投入，获取售彩机及其相关多重收益。而实体门店通过设备零成本布放，获得两大收益。以产品为核心，以公益为导向，以财富为价值，融合了三大角色，实现共享共赢，如图 7－29 所示。

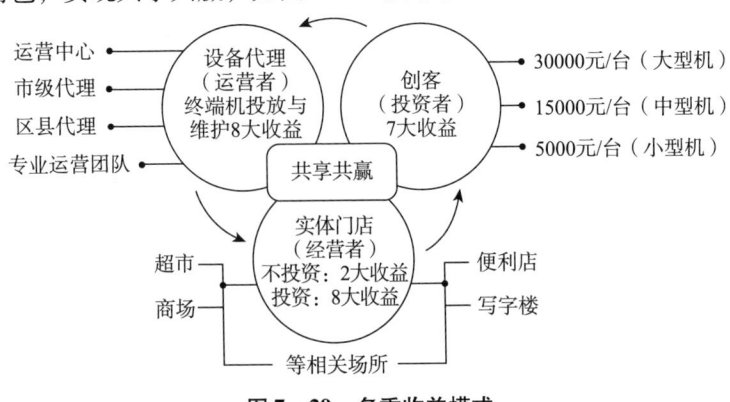

**图 7－29　多重收益模式**

**设备销售收益分析（创客）**如图 7 – 30 所示。

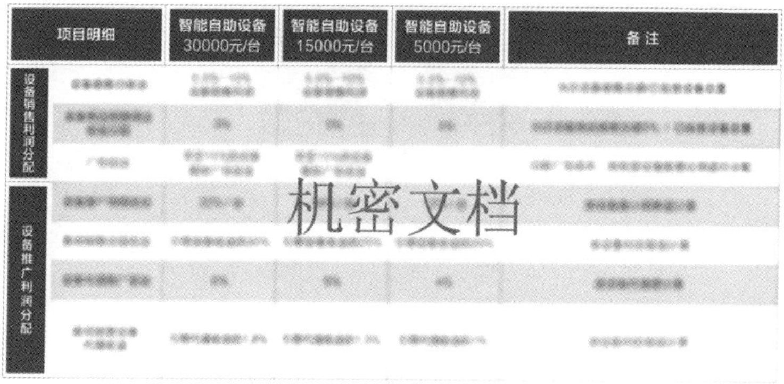

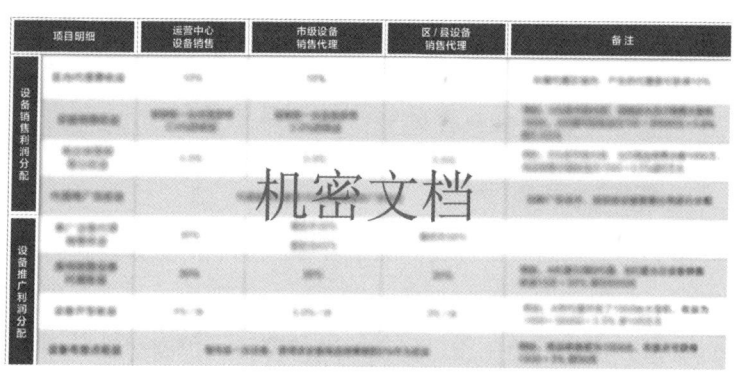

图 7 – 30　设备销售收益分析（创客）

**设备销售收益分析（代理商）**如图 7 – 31 所示。

图 7 – 31　设备销售收益分析（代理商）

## 2. 构建平台管理系统

我们在商业模式规划完成后，开始着手牛牛彩 APP 搭建。投资者可以通过牛牛彩 APP 查看每日收益，并进行提现。同时也可以通过 APP 分享投资，获得更多收益。最大限度地吸引投资者的目光，让投资者真实感受到收益的力量，如图 7 –32 所示。

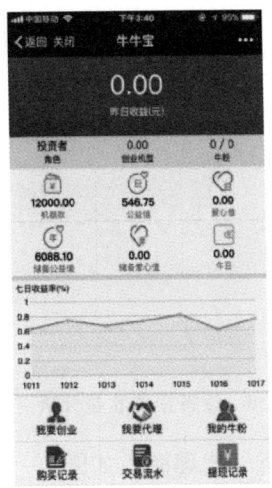

图 7 –32　牛牛彩 APP

## 聚集资源，形成品牌势能，增加品牌曝光

1. 团队打造

市场层面：对接市场领导人，在传统线下招商方式费时费力的今天，我们通过线上互联网、微营销、自媒体、网络、播商等新的渠道，迅速链接，层层裂变，进行传播、招商活动，短期内聚集了大量的投资者及目标投资者。

2. 传播策略

以公益属性、权威行业、市场优势、投资收益、技术优势五大传播维度贯穿整个项目，引导投资者发现财富价值。

带动投资者：在这个货币贬值的时代，许多人都在寻找优质项目，他们迟迟没有"出手"的原因是没有好的项目，而牛牛彩提供了一个公益与财富共存的平台，让投资者看到了无限价值。

**一种声音**：围绕传播主题：全民公益，快乐出彩，结合品牌价值：公益、快乐、便捷，进行牛牛彩品牌理念传递。

**两条路线**：线上：网络媒体＋新媒体（自媒体建设）＋APP＋互联网招商

线下：会议营销＋公关活动＋地面推广。

**三个步骤：**

- 第一步（预热期）：平台搭建、围绕售彩机项目进行品牌塑造、商业模式推广、项目宣传。
- 第二步（发布期）：强势线下活动拉动，结合线上媒体宣传，进行信息传播诉求。
- 第三步（持续期）：持续线下活动、口碑宣传、与会员展开深度互动，强化线上网络媒体信息扩散。

**创意海报如图7－33所示。**

**图7－33　创意海报**

**会议执行**：我们在会议前成立了会议指挥小组，在会议当天顺利完成了入场签到、设备体验、会议召开、会后采访等几大环节，让投资者感受到了前所未有的隆重与专业，获得了空前的效果。

**会议传播**：会议邀请了深圳电视台、广东电视台等多家电视媒体，同时通过新浪、腾讯、搜狐、今日头条等多家网络媒体，实现了多渠道传播。如今"售彩机"一词已经成为牛牛彩的专属词汇，如图7-34所示。

图7-34　多渠道传播

**小结：**

·通过举办"为爱出彩，温暖同行"大型启动会议，从公益主题切入，我们为牛牛彩塑造了良好的正面形象，也因为会议性质，各个媒体主动报道，牛牛彩品牌知名度、美誉度得到了较大提升。

· 通过此次会议，我们让所有投资人，以及正在观望的投资人，看到了牛牛彩项目的正规性、产品的优异性、模式的创新性，增强了投资人的信心。

· 通过此次会议，牛牛彩的招商活动也开始被引爆，招商层面取得了重大突破，成为牛牛彩走向成功的新起点。

### 生态再升级

牛牛彩升级为牛牛通宝，牛牛通宝投资发展有限公司是一家多元化的投资企业，采用集团化模式运作，旗下拥有多家高科技创新企业，并成功孵化多个互联网、金融项目。牛牛通宝将以共享经济为核心实现多样化的商业板块投资，不仅仅局限于售彩机项目。

**战略转型：新零售时代打造共享经济模式，如图 7 - 35 所示。**

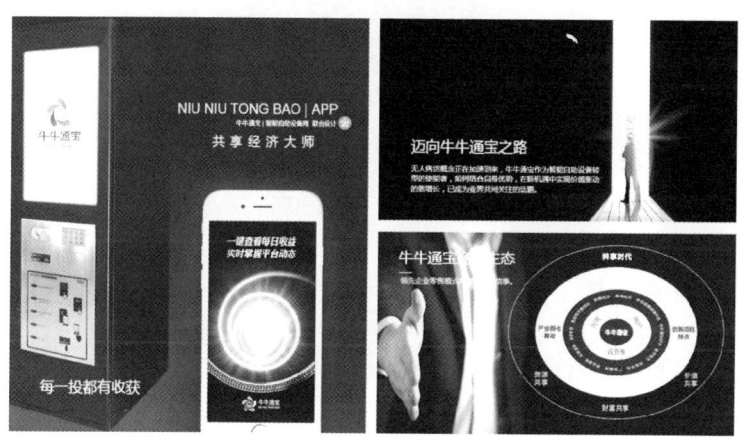

图 7 - 35　共享经济模式

**生态闭环：以新零售智能终端为核心，打造生态闭环，如图**

7 – 36 所示。

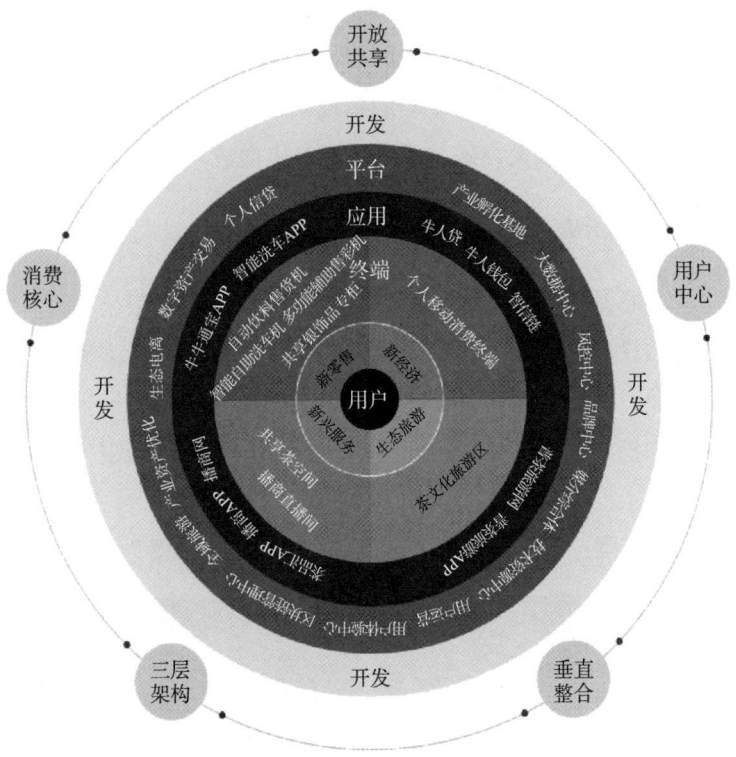

**图 7 – 36　生态闭环**

## 项目成果

深知精准营销从项目启动到服务结束。

售彩机项目招商金额达到 4. 5 亿元。

投资者（会员）数量 3 万 +。

招商会议预邀约 300 人，实际到场超过 1000 人。

牛牛彩售彩机项目影响力辐射超过 500 万人。

## 四、梦想犇犇，城市生长的力量：招商中环事件营销传播实录

**到底什么决定了一次传播活动的刷屏和火爆？**

**趣味：** 有趣是一切传播的前提。

**价值：** 充分传递品牌价值让活动效果持续留存。

**交互：** 社交是人性刚需，尬聊也能制造话题。

**场景：** 激发共鸣感，打造消费者心智影响力。

### "梦想" 着手，直切主题

首先思考 1190 万人口，300 余万户家庭，中小企业超 140 万家，他们留在深圳奋斗的动力是什么？

优质的创意和具有自传播属性的内容很关键。

主题：梦想

趁年轻，拼了！不怕输！

为了给孩子更好的将来，再苦再难也要留在这里！

开公司就是要创造价值！改变社会！改变世界的！

营销活动主题

**梦想犇犇，城市生长的力量！——全城追梦行动**

### O2O 全民互动新高潮

深圳这座城市，有什么魔让无数的奋斗者忍受着世界级的高房价，他们留下来的动力是什么？是梦想支撑着他们留下来，而梦想就是城市生长的驱动力量，这也正是招商地产的品牌理念和核心价值。

深圳犇犇，城市生长，招商中环＋招商东岸联合打造品牌事件，

线上线下齐发声，打造专属 IP 形象，自 2017 年 9 月 19 日启动，历时 15 天，活动范围遍及深圳各大地标，仅线上传播曝光量超 50 万，吸引上千人参与互动。主要过程，以线上为主，线下为辅。

（1）**步步为营，稳扎稳打。**

设置活动执行细则，让活动节奏可量化，流程化，把握整体节奏，如图 7-37 所示。

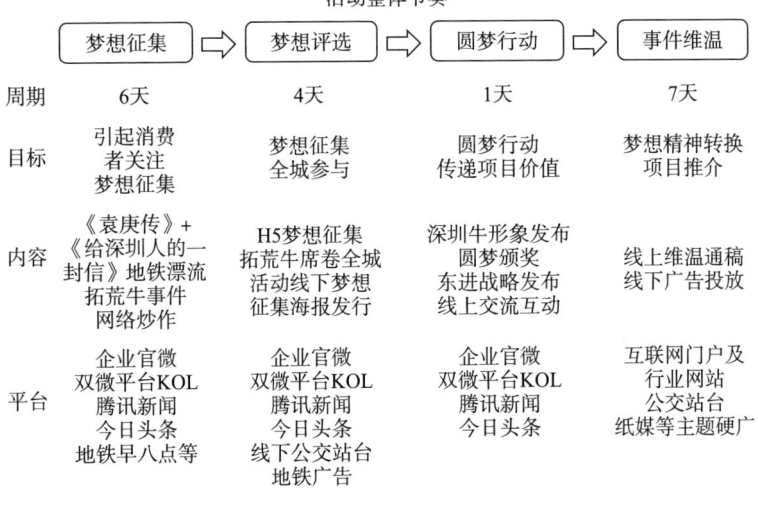

图 7-37　活动执行细则

（2）**精耕细作，活动征集显成效。**

我们的深圳梦想全城征集！全城征集"我们的深圳梦"线上线下闭环互动征集

（3）**借势新媒体，为梦想发声。**

官微图文发声，本地大号推广，朋友圈海报和 10 秒小视频，迅速开启一波立体攻势；《给深圳人的一封信》情怀 H5 梦想征集，结合深圳 37 年城市发展历史及拓荒牛精神，制作梦想评选活动征集海报及 H5，号召参与者说出自己的深圳记忆、深圳梦想及为梦想付出的努力。以打字机的复古形式缓缓述说一段关于梦想与坚持的故事，引发共鸣，制造传播。与此同时，向所有人征集梦想。该 H5 上线不到三天点击量达 12000 以上。

线上三天关注浏览量 70000 + ，加上线下系列事件曝光，触达人群超 80000 + ，整体关注量超 15 万 + ，如图 7 - 38 所示。

**图 7 - 38　借势新媒体，为梦想发声**

（4）**网红牛的** freestule。

《犇犇的梦想 freestyle》H5 + 犇犇十秒视频 + 犇犇结合城市实景的刷屏海报 + 活动素材小视频 + 活动采访视频/活动快闪视频 + PC 端新闻通稿 + 官方微信推送 + 本地大号传播 + 贴吧论坛推广 + 朋友圈定投。

该阶段最大的亮点《犇犇的梦想 freestyle》线上 H5，专门为犇犇创造一首 rap，唱出"有梦就要犇"的洗脑 freestyle，再以深圳实景拍摄的延时视频结合犇犇 IP 形象制作了一首 rap 的 MV，在 H5 里面还能上传深圳梦想及照片，生成专属自己的"梦想海报"该 H5 上线 3 天点击量达 13000，收集了超过 400 条的牛人的深圳梦想，如图 7 – 39 所示。

**图 7 – 39　网红牛的 freestule**

（5）从一本书到一座城。

《袁庚传》书籍＋《写给深圳的一封信》地铁漂流活动，并现场采访留影拍摄，报道。深入到社会层面，向社会传播拓荒牛深圳精神，邀请现场受众讲讲心中的深圳拓荒牛精神，并进行素材剪切，为未来二次传播做准备，如图7-40所示。

**图7-40　二次传播**

（6）执行细则，万牛奔腾。

从海上世界到大鹏，为期一周进行巡展，每个点展出1000只犇犇公仔（招商中环活动点可增加公仔数量及巡展时间）。现场规定必须喊出创意口号、表演创意舞蹈、标准手势，以及合影标准图案。

拓荒牛席卷全城活动，以拓荒牛为形象元素，进行城市快闪活动，通过一路从蛇口到大鹏，将这两个区域串联起来，以深圳牛拼搏奋进的精神象征招商品牌深耕城市，引领城市不断向前迈进。

一句创意口号＋一段创意舞蹈＋一个标准动作＋一个标准现场布局，如图7－41所示。

**图7－41　万牛奔腾**

（7）线上舆论爆点，品牌起飞。

以新浪、腾讯、搜狐、今日头条等多家网络媒体，在深圳掀起一股"犇犇风"，形成了多渠道传播，如图7－42所示。

**图7－42　多渠道传播**

（8）**万牛犇腾，深圳你要闹哪样。**

城市快闪活动，所到之处广大民众跃跃欲试，让深圳充满"牛气"，如图 7 – 43 所示。

**图 7 – 43　城市快闪活动**

招商中环官方发声，深圳潮生活＋觅深圳本地大号推广以及深圳微时光头条底部广告位投放，扩大第二阶段的影响力，再次突出本次活动并且以不同的原创内容，引发广大深圳人的自发性传播。

结合犇犇事件活动做深圳区域朋友圈精准广告投放，传播覆盖超 37 万＋大众。

一二阶段的传播结束之后，该活动总体核心影响人群 50 万＋，曝光量 200 万以上。

以前他们的线下发布活动影响人群 1000 左右，花费也基本一样，可以看到这次活动的效果了。

**传播效果是怎么做到的？**

第一，核心创意很重要。

首先是由情怀引出传播事件，是梦想让我们留在深圳，是梦想的魅力让我们奋斗。梦想犇犇，城市生长的力量。

第二，线上和线下配合。

官微、自媒体、大 V 号、PC 端网站和线下活动；地铁漂流、知名企业送书、视频采访、快闪等。

第三，互动和联动。

第一波是悬念和信息炒作；然后是自有微信公众号发声；再进行大 V、其他平台分发；之后，PC 端、朋友圈、头条、微博等形成联动；最后，线下媒体加入带动话题，传统媒体参与形成势能。

通过悬念、发声、大 V 带动、病毒传播和线下事件、传统媒体加入营造势能，最后整体的衔接并跟品牌、产品形成关联，进行流量导入和销售转化。

# 附　录

## 一、关于区块链

### （1）什么是区块链？

狭义上的定义：区块链是一种按照时间顺序将数据区块以顺序相连的方式组合成的一种链式数据结构，并以密码学方式保证的不可篡改和不可伪造的分布式账本。

广义上的定义：区块链是利用块链式数据结构来验证与存储数据、利用分布式节点共识算法来生成和更新数据、利用密码学的方式保证数据传输和访问的安全、利用由自动化脚本代码组成的智能合约来编程和操作数据的一种全新的分布式基础架构与计算范式。

### （2）什么是比特币？

比特币是标准的虚拟数字货币，最厉害的是：恒定数量 2100 万个。

比特币是一个叫中本聪的人发明的一套去中心化的记账体系。

比特币系统是基于 P2P 通信网络、非对称加密算法、分布式数据库，以及以巨大算力作为运转成本的工作量证明共识机制，能够在全球范围内进行安全可靠的、点对点的、极低成本的即时传输，使其具备了支付工具属性。

区块链的技术是很牛的，但应用还处在初级阶段，基础设计还需很长时间才能匹配。比特币只是用区块链底层技术实现的一个数字货币，当然区块链技术不仅仅是拿来做数字货币的。

**（3）区块链应用。**

目前区块链已经延伸至金融、物流、互联网、数字资产等领域，将成为云计算、大数据、移动互联网之后新一代信息技术的新风口，有能力引发新一轮的技术创新和产业变革。

区块链技术和应用正处于快速发展阶段。在技术研发方面，以太坊（Ethereum）、超级账本（Hyperledger）等开源社区先后成立，万向控股、蚂蚁云、微众银行、乐视金融、万达网络科技等重点企业，正在加大资金投入，推动成立了分布式总账基础协议联盟、金融区块链合作联盟，建设联合实验室，加快研发通用的区块链平台，支持中小企业和个人创业创新。

在应用方面，除数字货币领域的规模化应用外，区块链在新能源、社会公益、银行间联合贷款清算、文化娱乐、房地产等领域的应用正处于快速发展阶段。为了有效推动我国区块链技术和应用发展，培育形成具有全球竞争力的区块链产业。

马云说，乌镇互联网大会上，有人问他，比特币是什么？

他说，我完全不懂比特币，很困惑。

假使它真的起作用，全球的贸易和金融秩序都将被改写。

我不认为，我们已经准备好了。

所以，我还是关注支付宝，关注人民币、美元、欧元，我们专门有研究货币的团队，也有研究区块链技术的团队，我们在区块链技术的发展上花费了很大精力。

但比特币并不是我要做的事情，我们并不关注比特币。（关注技术、应用？）

我们关注的是中国现金社会，关注我们能做的事情，让这个社会更高效，更透明，没有腐败，这是我们提倡无现金社会希望达到的目标。

2017，区块链方面还未见大公司身影。刚到2018，阿里巴巴就以54项专利成为国内拥有区块链专利最多的公司。

阿里54项专利中，有13项专利的发明人是一个叫"邱鸿霖"的工程师。领英显示，"邱鸿霖"供职于蚂蚁金服，毕业于广东工业大学。

**（4）我的评论：**

看得出来，其实马云字里行间流露出对区块链技术的期望，以及区块链技术改写世界经济和金融格局的预期。但他又不能说明白。故意有点隔靴搔痒的味道，你懂的。

马云不能说虚拟货币，更不能碰这些虚拟货币。

有一点可以肯定，阿里有专门的团队在做区块链技术，还花了很多精力，可见区块链技术的魅力和想象空间。

全球的贸易和金融秩序都将被改写，很多人都没有做好准备。

单纯发行数字货币，在国内已经行不通了，技术和应用才是未来的方向。

国家知识产权局专利检索显示，在大公司中，中兴竟然是第一个申请区块链相关专利的。2015年5月，它获得了《一种去中心化自组织的数据处理方法系统》专利。

腾讯回应区块链问题，已应用到多个领域，暂时不考虑盈利。腾讯还提到早在 2017 年 4 月，腾讯也正式发布了区块链方案白皮书，区块链技术也已经被腾讯应用在了供应链金融、物流信息、法务存证、公益寻人、腾讯微黄金等多个领域。

现在已经有越来越多的人被卷到这场"区块链风"中了，三点区块链群成了大佬每天产生新闻的源头，多家公司也都纷纷入局，区块链自媒体也是逢声而起，还出现了哪家互联网公司不做区块链产品会被视为"古典互联网"的情况。

阿里巴巴用一年多的时间，跃升区块链专利榜第一，腾讯区块链技术早也已经被腾讯应用在了供应链金融、物流信息、法务存证、公益寻人、腾讯微黄金等领域，这都告诉区块链风口的革命者们：风口都是 BAT 的风口！

## 二、关于新零售

回到具体问题谈新零售。

新零售如何解决实体店的销售？要回到这个问题，首先要了解什么是新零售？

**新零售的本质是什么？**

新零售就是企业借助互联网平台运用大数据、人工智能等先进技术手段对商品的生产、流通与销售过程进行优化升级改造，进而重塑业态结构与生态圈，并对线上服务、线下体验以及现代物流进行深度融合的零售新模式。

可以说是把线上线下和物流结合在一起，产生出来的新零售。

新零售的核心就在于推动线上线下一体化进程，使线上的互联网力量和线下的实体终端双向，进而完成电商平台和实体零售店面在商业维度上的全面优化升级。

随着新零售模式的逐步落地，线上线下从原来的相对独立、相互冲突的状态逐渐转化为互相促进、彼此融合，这就表明传统意义上的"电商"将不复存在，传统零售全部都具有了明显的"新零售"基因。

**新零售怎么做？**

**第一，电商跟传统企业的融合。**

新经济也是新实体经济的一部分。以后线上和线下高度融合，难分彼此。传统零售和新零售高度融合、相互促进。需要利用新技术，解决客户的引流，客户的沟通和维护问题。不要做坐商，要主动地用自媒体开展营销宣传活动。

**第二，技术是新零售的底层动力。**

以前，我们一定要到实体店去购物，现在我们足不出户就可以完成购物，在 VR 时代，甚至不出门，还可以在家完成跟实体店一样的体验，这就是技术驱动的变革和发展。

新零售带动了新经济的蓬勃发展，产生电商、微商、IP 电商和社交电商等，分享经济蓬勃发展，让我们生活的世界更加高效，更加便利和高品质。

**第三，大数据是核心驱动力量。**

阿里巴巴张勇认为，新零售是利用互联网和大数据，将"人、货、场"等传统商业要素进行重构的过程，包括重构生产流程、重构商家与消费者的关系、重构消费体验等。每个企业都将走向数据公司，完成消费者的可识别、可触达、可洞察、可服务。

大数据是新零售的核心驱动力，大数据实现消费者精准画像跟匹配并提供高效精准的解决方案。

**第四，互联网时代，商业模式是渠道的解决方案。**

催生新零售高度发展和发达的条件，就需要跟新商业模式结合，新商业模式是驱动力，是加速器。

互联网让人变得越来越懒，追求简单的赚钱方法。所以，要想产品火爆起来，不一定非得做很多广告，拉动最终消费者（拉动消费，当然这是普通的做法），也可以通过参与者、投资人，带动市场，形成势能。

**第五，跟社交电商结合。**

社交电商的本质：场景＋内容＋社群。

场景可以从根本上激发购买，形成刚需和流量。

内容产生有效链接＋社群，是整个链条的驱动力量。

**怎么促进实体店的升级和销售提升？**

**第一，核心自媒体解决流量和服务。**

运用微信号、头条号进行引流，包括做活动，首次购买客户用活动引导关注微信号，积累粉丝和用户。针对核心的客户，每周、每月进行活动策划，微信和头条作为两个最重要的平台进行宣传，解决流量问题。

**第二，线下体验解决社群黏性和销售转化。**

体验也可以分为线上和线下。具体产品不一样，有些产品还真得线下体验，比如吃饭、睡觉、旅游。还有些产品，如服装，顾客还是希望试穿一下的那种感觉。线上和线下逐渐融合，你可以线上预订、下单，线下消费和体验，都是可以的。

用线下增强和弥补线上的某些体验不足，增加客户的黏性和深度沟通，实现销售的转化和二次购买，以及口碑。渠道一定是越来越多样化和个性化的，单一渠道很难抓住所有顾客。因此，要在做好单点和线下体验的时候，充分利用新的技术和方法，做好线上的引流和转化工作。

**第三，互联网商业模式解决分享和引爆。**

互联网商业模式是驱动力，是传统店铺升级的驱动力量。分享模式就是利用互联网商业模式的精髓，实现快速的裂变和口碑，驱动品牌势能和市场的发展。

商业模式的设计非常关键，现在人人都可以分享，但为什么要给你分享，这就很关键，需要有一整套的分配模式和利益刺激。人性都是懒惰的，喜欢简单化，一定要设计符合人性的分配和分享模式，通过口碑带动其他经销商和用户的加入。

实体店也可以融合互联网商业模式，让老客户和存量客户，带动新客户和增强客户，快速进行裂变和增值。

**第四，形成平台和生态。**

实体店是主要的成交和体验场所，初期，线下往线上引流，通过代理商、加盟商的控制力，引流到平台。这个时候，平台才能慢慢形成，然后通过平台给线下店铺赋能，从订货、交易、服务、体验等方面提升客户价值。

## 三、关于社交电商

新零售解决了电商的超级痛点，社交电商的核心是：场景＋内容＋社群。

电商为什么迅猛发展？电商为什么会迅猛地发展起来，成为所谓的实体店和传统营销杀手？难道仅仅是因为电商便宜，假货盛行，劣币驱逐良币？

如果你看到表象，而不深入分析本质，那么只能还在传统的泥潭里打滚。

传统营销是 4P 框架，尽管我们不能说传统营销无用，但确实正在失效。为什么正在失效，因为营销工具、资源和要素在发生巨大的变化。

以前可以靠广告、渠道、明星代言、终端营销而获得成功，但现在靠这种大传播和人海战术已然失效。

第一，电商解决了什么？

**相对传统零售来说，电商解决了成本和效率问题。**

自从马云说电商这个词将不复存在，大家信以为真，但电商还是存在的，电商就是降低了成本，提高了效率，因此诞生了淘宝、天猫，京东和一大批垂直电商平台。

**但电商也有致命的问题，不太可能解决体验。淘宝也有 VR，但没什么用，毕竟人是社会性的动物，需要线下的交流和场景。**

体验和社交问题很难解决，这也是阿里的痛。

因此，马云提出了新零售，这可能是电商解决体验的一个利器。

**第二，新零售解决了电商体验不足这个超级痛点。**

电商很难解决的就是体验。新零售是不是要来解决这个痛点呢？非常可能，但必须跟实体结合。现在你大概知道了，为什么马云频频出手收购线下零售企业了。

我认为，实体的未来就在新零售。线上和线下结合解决了所有痛点：成本、效率和体验。

**第三，社交电商的三大核心：场景＋内容＋社群。**

场景可以从根本上激发购买，形成刚需和流量。

内容产生有效链接 + 社群，是整个链条的驱动力量。

如果配合互联网商业模式，用投资方式让消费者成为消费商，力量会更加空前，从根本上解决亚文化难以形成的问题。

## 四、关于人工智能、大数据

**第一，关于人工智能。**

百度公司董事长兼 CEO 李彦宏登上了美国《时代周刊》杂志的封面。在封面上，《时代周刊》称李彦宏为创新者，并称其所带领的百度正在成为美国硅谷的巨头。

《时代周刊》的作者称李彦宏正在帮助中国赢得 21 世纪。百度目前是仅次于谷歌的第二大搜索引擎，并且在中国占有 80% 的市场份额。对人工智能和无人驾驶技术的重视，让百度的发展速度越来越快。

李彦宏不认为人工智能对于人们是一个重大的威胁。人工智能的发展会要求中国政府始终对世界保持开放，即使是美国在特朗普政府的领导下也不会改变这一政策。

在 1992 年，情况就大不相同了。这位今天的百度首席执行官当时还是一个窘迫的中国学生，正在美国申请计算机图形学研究生课程。面试时，教授问他：“你们中国有电脑吗？”这着实让这位年轻人大为震惊。“我当时非常尴尬”，李彦宏在北京总部的顶层办公室里接受采访时微笑着说：“我想着，有朝一日我会证明，中国的计算机行业会变得特别强大。”

2000 年时，李彦宏创立了百度，一个今天在中国占有 80% 市场份额的搜索引擎，并已成为全球第四大最常被访问的网站。这家公司名字源于 13 世纪的一首中国诗。百度已经成为一个超过

600亿美元市值（目前为880亿美元）的商业巨头，而中国公司在这个区间的只有腾讯和阿里巴巴。百度地图为千家万户的车辆导航，百度搜索为广大学子答疑解惑。再没有人问李彦宏中国有没有电脑了。

事实上，中国如今已经令硅谷辗转难眠了。国际咨询公司麦肯锡最近发布的一份报告称，在全球262家科技"独角兽"和市值超10亿美元的私营初创公司中，三分之一是中国培育的。中国正着眼于下一个科技前沿——人工智能。

2017年前三季度，百度的收入为90亿美元，其中约12亿美元又投入到研发中，大部分用于人工智能。他相信百度掌握了中国最大的优势——规模，就能主导全球人工智能市场。

从最基础层面来看，人工智能系统基于经验数据复制人类学习过程——无论是驾驶模式、财务习惯还是含糊的语音指令背后的真实意图。数据越多，就可以把算法训练得更好，对于一家服务于人口最多国家的公司来说，这个优势很明显。"中国是一个庞大和统一的市场"，李彦宏说："所有人都说着同一种语言，遵守同一套法律。"

**第二，关于大数据。**

**滴滴大数据杀熟事件：**是指互联网厂商利用自己所拥有的用户数据，对老用户实行价格歧视的行为。同一件商品或者同一项服务，互联网厂商显示给老用户的价格高于新用户。

"大数据杀熟"引起网友热议，有大V爆料滴滴出行也存类似行为。

滴滴出行CTO张博在滴滴内网发布公开信称，滴滴从未有过任何"大数据杀熟"的行为，以前没有，以后也永远不会有。

张博还向网友解释，滴滴打车价格不会因人、设备、手机系统而异。不过"预估价"和"实付车费"会因为行程真实状况而有所差异。

实际情况又如何？

微博大 V 爆料，广大网友纷纷跟进，发出自己各种遭遇。微博大 V 表示，和同事试着用不同账号看了一下价格，果然在同样出发点，同样目的地的情况下，打车费用不一样。

加 V 认证滴滴员工也做出了回应："算法不稳定，爱用不用""杀你，咋滴啦"

**疑似水军出现：**

通过查看他们的资料，你会发现，他们没关注任何人也没有一个粉丝。同时，某些汽车的好评、手机的好评他们几乎都在。看他们的动态，谁在刷好评一目了然，他们头像也很一致。

**住宿、出行和票务为何成为"大数据杀熟"重灾区？**

在网友的反馈中，住宿、出行与票务等领域是"大数据杀熟"的重灾区。

**这些市场往往具有以下三个特点：**

· 定价不够透明，除了通过相关平台查询或者到店咨询，用户难以获得公允准确的价格信息。

· 价格变动频率较大，门票、机票、旅馆房间常有季节性的价格波动，甚至同一天的不同时段，价格也有所不同。

· 市场格局相对固定，一超多强或均势多强格局已经形成。

本质上，价格歧视是垄断与竞争不充分的体现，一超多强或均势多强的市场格局是造成这一现象的根本因素。

在共享出行领域，经历两次合并的滴滴占有 87% 以上的专车市场份额，99% 以上网约出租车市场份额。

而在在线票务领域，淘票票、猫眼电影和微影时代三家市场份额相差无几，共同占据了超过六成市场。如何避免相关企业滥用自己的市场支配地位，损害消费者的利益，是值得相关部门思考的。

《人民日报》指出，这种"同一时刻对同一产品的差别定价，尤其是将消费者蒙在鼓里随意加价的情形"，已经构成违背消费者知情权的价格欺诈，不为价格法所允许。

**我的评论：**

滴滴一家独大，什么事情都来了！

我一般很少去比较，记得当时优步还在的时候，有时候打车会有一个浮动加价，换一个账户，加价少很多；后来的滴滴变成了高峰时段的加价和消费，更厉害了。你说，有没有杀熟？

最好的解决办法是要有竞争，没有竞争靠自律那就要考验人性，人性很难经得起考验的。所以，美团加入打车竞争是好事，对司机和乘客都是好事。

同理，滴滴加入外卖也是好事，有利于服务质量和整体生态的优化，只要不是恶性竞争就好。

## 滴滴做外卖，美团做打车，谁的机会大？

营销人都应该知道，一个营销事件或者策划要成功，不管创意多惊艳，策略多完美，最终是要讲逻辑的，逻辑不成立，营销就会失败。

网上无论 PC 端还是移动端，一搜，除了水军和软文，没有不骂滴滴的，一家互联网企业做成这样，也没谁了。

背后的本质是什么？那就是，自从打车市场基本只剩下滴滴一家重量级选手之后，打车的天就变了。

滴滴为什么从人见人爱，到人见人恨？就是因为没有相当量级的竞争者与之竞争，而美团加入打车市场，滴滴当然会调整竞争策略，对整个市场的服务质量都有好处，司机和乘客就会有好处。

**滴滴和美团分别进入到对方的核心领域，意欲攻城拔寨。有人问我的看法，我说："无论结果如何，这都是好事。"**
**向对方的核心领域进攻：**

美团进军打车，滴滴进军外卖，大家都向对方的核心业务发起进攻。滴滴还向共享单车下手了，在深圳，这几天深夜陆续投放了 2 万辆青桔单车，不过一天之后，就被禁止投放。

滴滴的外卖也将登陆无锡市场，这对美团来说，也不会是好消息。既然战火已经点燃，只有接招。

滴滴刚刚融资了 100 亿元，有的是钱，外卖得补贴大战即将开始，但竞争也需要有一定的秩序，垄断的对立面就是恶性竞争，也会从根本上损害市场的长期发展，并造成不可持续性。

从竞争的角度来看，适度的竞争对市场是有好处的，垄断一定会造成服务质量下滑和相关者的利益受损。

打车的竞争，最后投资者也要收入投资，那资本只能协商整合，投资者的钱还是要拿回来的，羊毛出在羊身上，最终提价，服务变差，相关者利益都会受到损害。

**这是什么逻辑？**

第一，为了抢占更多的场景、流量和入口，在场景化的流量和入口上，抢占生态圈的竞争优势和机遇未来的大数据。如果能够跟新零售、区块链结合，想象空间是不是更大呢？

第二，赢者通吃。有人说，二元竞争，什么麦当劳、肯德基；可口可乐、百事可乐……那是传统营销。

互联网的逻辑就是只有第一，没有第二。就算做了老二，那也只能分得残羹冷炙了。你看看滴滴做成第一之后，快的没有了，陈伟星搞区块链去了，uber退出中国市场了，补贴没有了，优惠也没有了，从此乘客和司机"暗无天日"。

你会要说，百度、360、搜狗，还有天猫、京东，怎么回事？这根本不是一回事儿，京东和天猫模式也不同，百度和360，在搜索上还不是一个级别。

所以，互联网，"羊毛最初出在狗身上，猪买单"，但最终还是羊毛出在羊身上，只是后来的羊买单。

第三，最好的防守就是进攻。在互不信任的时候，只有进攻才能降低风险，占据主动，因为你根本无法判断对手的意图，只有进攻，打出别人的意图。

**滴滴和美团，谁的机会大？**

很多人想当然地以为，滴滴的机会大，美团的机会小。因为滴滴估值更高，资本更雄厚，沉淀的用户更多，有司机、乘客等。所以，大家的直觉，认为外卖做起来很简单，打车做起来很难。

**其实不然，原因如下：**

首先，作业方式不同，外卖涉及两次交接，看似简单，其实流程要复杂得多。

其次，运营维度不同，外卖三个维度多于打车（两个），每个维度形成优势都需要付出巨大的时间、努力和代价；同时，真正形成优势后，壁垒也就形成了。

最后，无论是滴滴还是美团，都是为了完善自己的服务链、平台和生态。美团是在自己的应用覆盖吃、喝、玩、乐的基础上把各个场景（餐饮、娱乐、酒店、城际交通枢纽）用本地出行（打车）串联起来并形成闭环。而滴滴则是刚好相反，用打车融合到吃喝玩乐的本地生活中，也是抢占场景和入口，形成生态闭环。

个人觉得，美团还是有机会的，但需要制定更加完善的策略，烧钱刚开始也是无法避免的。如果有足够的资金（应该没事，大家都靠着大山呢，弄来弄去，还是腾讯和阿里），加上天时、地利，还是有一出好戏看的，也是有一些胜算的。

虽然谈不上美团打车干掉滴滴打车，至少大家在一段时间内可以享受到打车优惠券和订餐券了，那也不是坏事啊，互联网赢者通吃，类似企业不能只有一家存在，这也是一个天大的悖论了。

# 后记与致谢

## 互联网精准营销——回归人性的光辉

**营销和管理的本质就是人性，互联网彻底让营销回归到人性的光辉。**

互联网的功能不但是提升效率，压缩时间和空间，更大的好处就是让好的消息和坏的消息都无处藏身。所谓好事不出门，坏事传千里的状况将一去不复还。

做产品是在做什么，做品牌又是在做什么。有人说，做产品就是做人品；也有人说，做品牌就是做生意。当然，我们需要有一个语境来理解这些话，也要分不同时间段来看待这些话。

例如深圳蛇口那句具有划时代意义的名句"时间就是金钱，效率就是生命"还回响在耳边。那是因为很长时间以来中国经济高速发展，追求的是"效率"。随着改革的深入，"效率"不是唯一指标，效率要兼顾公平和公正，这些问题正被摆到社会的最前沿。

"时间就是金钱，效率就是生命"，这句话错了吗？当然没有。可是，现在社会的主要矛盾已经不再是物质短缺的矛盾，而是总书记说的：新时代我国社会的主要矛盾，已经转化为人民日益增长的美好生活需要和不平衡不充分的发展之间的矛盾。

因此，人民对美好生活的向往，就是我们奋斗的目标。

文化的作用表面看不见，实际上潜移默化。多年前看李嘉诚的一个访谈节目，他提到的"由富及贵"的理念，我甚为认同，什么是富、什么是贵。现在我们的生活是开始富足了，但心灵上还是贫瘠的，什么时候开始从富走向贵，从精神上也开始富足，才能真正地强大起来。

这需要很长的时间，这也是文化沉淀的过程。

我始终觉得，一个公司如果仅仅为了赚钱，迟早都要出问题，盈利的背后是企业价值观的支撑，离开了为客户创造价值之后，赚钱也变得可怕了，没有正确的价值观，企业也走向了客户的对立面。

这个过程可能是很长的，要通过很多困难和阻碍的考验。

**（1）由效率到公平。**

很多企业为了提高营销的效率，在区域市场的考核上进行了"科学"的权重设计。他们认为，这样就完全可以打破"大锅饭"的局面，充分调动员工的积极性。

可惜的是，科学的方法却不一定能解决所有的问题。比如区域成熟程度的销量大小问题、区域潜力问题、竞争问题、投入问题、人员配置问题等。表面上，指标设置非常合理，实际上，效果并不好。

如果过于注重效率而忽视其他，就会产生不公正和不公平的现象。当然，世界上没有绝对的公平，但因为不公正和不公平的现象非常严重时，不但会影响企业营销目标的达成，而且对团队的影响也会由激励变成了消极。

**（2）由制度到人心。**

"用制度管人！"做管理的人常常挂在嘴上。但制度可以解决"人心"的问题吗？不能！最多是让员工形成规范。如果仅仅是用处罚代替管理职责，就有"以罚代管"的嫌疑。关键是在机制和制度的基础上，要形成沟通支持的平台。

例如区域市场有窜货出现，严格制度是必须的，但如果该市场总是完不成下达的任务，领导总在月底电话催促，完不成大骂一通，下月又是如此，这个问题永远无法解决。完不成任务，原因很多，有团队的因素，市场和竞争的因素，产品组合、渠道等很多原因。作为管理者和负责人，要找到关键的因素，对执行人提供支持和帮助，不是一味地大发雷霆就能解决的。

**（3）由技术到人文。**

广告传播中的人文关怀已成为一种独特的文化现象。广告制作和传播重技术而轻人文，是国内广告业界的普遍状况。广告不仅要合法，更要合情，要照顾到大家的情感，要考虑人文关怀的因素。

这样的例子简直不胜枚举。有一个企业，市场部门报出来的广告预算是 50 万元，总经理大感心疼，最后减到不到 20 万元，制作和拍摄的效果就可想而知了，却在后来用这个广告片投放了数千万的广告费。

这当然也没有问题，仅仅是拿一条广告片来播放是没有问题的，可广告片播放的受众是要考虑的，粗制滥造和生硬的广告在很多行业不但没有效果，还损失了大量的现有利润。

消费升级，需求更多地表现在精神和人文层面，广告传播除了商品的信息和利益的驱动，还应有对人心灵和人性的关注，商业广告发展的终极目标将是人文精神与商业行为交融。

**（4）由眼前到长远。**

广告唯一的作用是"卖货"，以至于不断出现挑战消费者忍耐极限的广告，这都是非常短视的行为。卖货是必须的，卖货也是肯定的，但总得给消费者带来实实在在的利益或心理愉悦和美好体验，否则怎么能"卖货"。

如果广告真的回到了只有"叫喊"的水平，那真正是营销和广告界的悲哀。一些人性化和温情的广告会涌现出来。

**（5）回归到人性的光辉。**

由有用，到有趣，再到有爱！也就是产品或者品牌，要从基础的物质、功能满足，走向体验的满足，再到文化和精神的满足。

这个过程就像马斯洛需求层次理论，由低到高、由简单到复杂的过程，但却不是单一的、单层级的传递，也可能是复合的需求，有生理的、功能的，也有精神、文化的需求。

人性的光辉，人除了基本的需求之外，要有一种向上的精神和追求，不断地挑战自己，并为社会做点什么。阿里巴巴员工路途中救人就是这样一个事件，没有时间考虑自己，首先要把人救上来，这就是人性的光辉，相比那些坑人的企业和猪一样的队友，这就是这个时代的正能量和励志精神。

　　此书是深知精准营销策划机构（以下简称深知）多年营销实

践和 5 年互联网实战总结提炼而成，经过近 10 个月的撰写和修改成书。

在此，深知及我本人，感谢博瑞森图书马优老师的策划和辛勤付出；感谢所有支持帮助和参与此书众筹的读者（见书后众筹名单）；感谢深知战略合作客户中山大桥化工集团有限公司；感谢深知所有客户；感谢深知的同事们，特别是叶京儒、任言为此书做出的贡献。

谨以此书，献给我的家人和孩子！

# 书籍众筹接龙名单

（按照参与众筹的时间顺序排名）

| | | | | | | |
|---|---|---|---|---|---|---|
| 吴　伟 | 林　丹 | 李学涛 | 王　博 | 龚宏斌 | 杨军龙 | 沙琦红 |
| 潘　晨 | 方雄武 | 周　严 | 钱天赐 | 廖武健 | 陈晔平 | 杨治昌 |
| 徐述成 | 段金泉 | 蒲俊佶 | 吴　毅 | 杨东明 | 匡　峰 | 郑辉传 |
| 张怡强 | 王建兵 | 孙士春 | 张泽锋 | 蒋　漫 | 唐　斌 | 徐国勇 |
| 冯　涛 | 熊广浩 | 张俊强 | 原　印 | 杨志国 | 梁礼淦 | 王文辉 |
| 倪健玉 | 岳　键 | 高　航 | 张玉波 | 徐朝郑 | 辜　丽 | 袁　娟 |
| 霍　利 | 李岳光 | 杨蓉蓉 | 滕　辉 | 符胜利 | 龙海森 | 梁仁仕 |
| 涂光荣 | 何继英 | 蔡小林 | 蓝铖锋 | 冯　娟 | 程中发 | 赵　威 |
| 王　维 | 楼卡娜 | 郑恩仓 | 唐勇军 | 李锦松 | 杨世华 | 何拥军 |
| 杨东明 | 晏鸿辉 | 周　云 | 孙国庆 | 郑胜军 | 周陆珉 | 苏雄军 |
| 张梅琴 | 彭润键 | 高婵伟 | 廖跃飞 | 蒋　苇 | 宋亮亮 | 王庆余 |
| 陈　松 | 刘永奇 | 田巧明 | 刁新阳 | 张　力 | 黄　毅 | 申玉伟 |
| 陶功友 | 刘兴兵 | 牛　犇 | 刘志超 | 王师伟 | 吴晓明 | 陈剑锋 |
| 徐国利 | 智　鹏 | 任启志 | 刘德军 | 蒋　军 | | |

# 推荐作者得新书！

## 博瑞森征稿启事

**亲爱的读者朋友：**

感谢您选择了博瑞森图书！希望您手中的这本书能给您带来实实在在的帮助！

博瑞森一直致力于发掘好作者、好内容，希望能把您最需要的思想、方法，一字一句地交到您手中，成为管理知识与管理实践的桥梁。

但是我们也知道，有很多深入企业一线、经验丰富、乐于分享的优秀专家，或者忙于实战没时间，或者缺少专业的写作指导和便捷的出版途径，只能茫然以待……

还有很多在竞争大潮中坚守的企业，有着异常宝贵的实践经验和独特的洞察，但缺少专业的记录和整理者，无法让企业的经验和故事被更多的人了解、学习……

**对读者而言，这些都太遗憾了！**

博瑞森非常希望能将这些埋藏的"宝藏"发掘出来，贡献给广大读者，让更多的人从中受益。

所以，我们真心地邀请您，我们的老读者，帮我们搜寻：

**推荐作者**

可以是您自己或您的朋友，只要对本土管理有实践、有思考；可以是您通过网络、杂志、书籍或其他途径了解的某位专家，不管名气大小，只要他的思想和方法曾让您深受启发。

可以是管理类作品，也可以超出管理，各类优秀的社科作品或学术作品。

**推荐企业**

可以是您自己所在的企业，或者是您熟悉的某家企业，其创业过程、运营经历、产品研发、机制创新，等等。无论企业大小，只要乐于分享、有值得借鉴书写之处。

**总之，好内容就是一切！**

博瑞森绝非"自费出书"，出版费用完全由我们承担。您推荐的作者或企业案例一经采用，我们会立刻向您赠送书币 1000 元，可直接换取任何博瑞森图书的纸书或电子书。

感谢您对本土管理原创、博瑞森图书的支持！

推荐投稿邮箱：bookgood@126.com　　　推荐手机：13611149991

# 1120 本土管理实践与创新论坛

这是由 100 多位本土管理专家联合创立的企业管理实践学术交流组织,旨在孵化本土管理思想、促进企业管理实践、加强专家间交流与协作。

论坛每年集中力量办好两件大事:第一,"**出一本书**",汇聚一年的思考和实践,把最原创、最前沿、最实战的内容集结成册,贡献给读者;第二,"**办一次会**",每年 11 月 20 日本土管理专家们汇聚一堂,碰撞思想、研讨案例、交流切磋、回馈社会。

## 论坛理事名单(以年龄为序,以示传承之意)

徐伟泽　　潦　寒　　谭洪华　　崔自三　　王玉荣　　蒋　军　　侯军伟
黄润霖　　朱伟杰　　金国华　　吴　之　　葛新红　　周　剑　　崔海鹏
李治江　　陈海超　　柏　龑　　唐道明　　刘书生　　朱志明　　曲宗恺
杜　忠　　黄渊明　　王献永　　范月明　　吕　林　　刘文新　　赵晓萌
张　伟　　韩　旭　　韩友诚　　熊亚柱　　秦海林　　孙彩军　　刘　雷
贺小林　　王庆云　　黄　娜　　俞士耀　　田　军　　丁　昀　　张小峰
黄　磊　　罗晓慧　　赵海永　　伏泓霖　　任彭枞　　梁小平　　鄢圣安
马方旭　　乐　涛　　杨晓燕　　欧阳莉华　陈　慧　　张　璐

# 企业案例·老板传记

| 书名·作者 | 内容/特色 | 读者价值 |
|---|---|---|
| 你不知道的加多宝：原市场部高管讲述<br>曲宗恺 牛玮娜 著 | 前加多宝高管解读加多宝 | 全景式解读，原汁原味 |
| 借力咨询：德邦成长背后的秘密<br>官同良 王祥伍 著 | 讲述德邦是如何借助咨询公司的力量进行自身与发展的 | 来自德邦内部的第一线资料，真实、珍贵，令人受益匪浅 |
| 娃哈哈区域标杆：豫北市场营销实录<br>罗宏文 赵晓萌 等著 | 本书从区域的角度来写娃哈哈河南分公司豫北市场是怎么进行区域市场营销，成为娃哈哈全国第一大市场、全国增量第一高市场的一些操作方法 | 参考性、指导性，一线真实资料 |
| 六个核桃凭什么：从0过100亿<br>张学军 著 | 首部全面揭秘养元六个核桃裂变式成长的巨著 | 学习优秀企业的成长路径，了解其背后的理论体系 |
| 像六个核桃一样：打造畅销品的36个简明法则<br>王超 范萍 著 | 本书分上下两篇：包括"六个核桃"的营销战略历程和36条畅销法则 | 知名企业的战略历程极具参考价值，36条法则提供操作方法 |
| 解决方案营销实战案例<br>刘祖轲 著 | 用10个真案例讲明白什么是工业品的解决方案式营销，实战、实用 | 有干货、真正操作过的才能写得出来 |
| 招招见销量的营销常识<br>刘文新 著 | 如何让每一个营销动作都直指销量 | 适合中小企业，看了就能用 |
| 我们的营销真案例<br>联纵智达研究院 著 | 五芳斋粽子从区域到全国/诺贝尔瓷砖门店销量提升/利豪家具出口转内销/汤臣倍健的营销模式 | 选择的案例都很有代表性，实在、实操！ |
| 中国营销战实录：令人拍案叫绝的营销真案例<br>联纵智达 著 | 51个案例，42家企业，38万字，18年，累计2000余人次参与…… | 最真实的营销案例，全是一线记录，开阔眼界 |
| 双剑破局：沈坤营销策划案例集<br>沈坤 著 | 双剑公司多年来的精选案例解析集，阐述了项目策划中每一个营销策略的诞生过程，策划角度和方法 | 一线真实案例，与众不同的策划角度令人拍案叫绝、受益匪浅 |
| 宗：一位制造业企业家的思考<br>杨涛 著 | 1993年创业，引领企业平稳发展20多年，分享独到的心得体会 | 难得的一本老板分享经验的书 |
| 简单思考：AMT咨询创始人自述<br>孔祥云 著 | 著名咨询公司（AMT）的CEO创业历程中点点滴滴的经验与思考 | 每一位咨询人，每一位创业者和管理经营者，都值得一读 |
| 边干边学做老板<br>黄中强 著 | 创业20多年的老板，有经验、能写、又愿意分享，这样的书很少 | 处处共鸣，帮助中小企业老板少走弯路 |
| 三四线城市超市如何快速成长：解密甘雨亭<br>IBMG国际商业管理集团 著 | 国内外标杆企业的经验＋本土实践量化数据＋操作步骤、方法 | 通俗易懂，行业经验丰富，宝贵的行业量化数据，关键思路和步骤 |
| 中国首家未来超市：解密安徽乐城<br>IBMG国际商业管理集团 著 | 本书深入挖掘了安徽乐城超市的试验案例，为零售企业未来的发展提供了一条可借鉴之路 | 通俗易懂，行业经验丰富，宝贵的行业量化数据，关键思路和步骤 |

| 互联网 + | | | |
|---|---|---|---|
| | **书名 . 作者** | **内容/特色** | **读者价值** |
| 互联网 + | **新营销**<br>刘春雄　著 | 新营销的新框架体系是场景是产品逻辑,IP 是品牌逻辑,社群是连接逻辑,传播是营销逻辑 | 助力品牌商实现由传统营销到新营销的理念和行动的跨越,助力企业打赢升级转型之仗 |
| | **企业微信营销全指导**<br>孙　巍　著 | 专门给企业看到的微信营销书,手把手教企业从小白到微信营销专家 | 企业想学微信营销现在还不晚,两眼一抹黑也不怕,有这本书就够 |
| | **企业网络营销这样做才对:B2B 大宗 B2C**<br>张　进　著 | 简单直白拿来就用,各种窍门信手拈来,企业网络营销不麻烦也不用再头疼,一般人不告诉他 | B2B、大宗 B2C 企业有福了,看了就能学会网络营销 |
| | **互联网时代的银行转型**<br>韩友诚　著 | 以大量案例形式为读者全面展示和分析了银行的互联网金融转型应对之道 | 结合本土银行转型发展案例的书籍 |
| | **正在发生的转型升级·实践**<br>本土管理实践与创新论坛　著 | 企业在快速变革期所展现出的管理变革新成果,新方法、新案例 | 重点突出对于未来企业管理相关领域的趋势研判 |
| | **触发需求:互联网新营销样本·水产**<br>何足奇　著 | 传统产业都在苦闷中挣扎前行,本书通过鲜活的案例告诉你如何以需求链整合供应链,从而把大家熟知的传统行业打碎了重构、重做一遍 | 全是干货,值得细读学习,并且作者的理论已经过了他亲自操刀的实践检验,效果惊人,就在书中全景展示 |
| | **移动互联新玩法:未来商业的格局和趋势**<br>史贤龙　著 | 传统商业、电商、移动互联,三个世界并存,这种新格局的玩法一定要懂 | 看清热点的本质,把握行业先机,一本书搞定移动互联网 |
| | **微商生意经:真实再现 33 个成功案例操作全程**<br>伏泓霖　罗晓慧　著 | 本书为 33 个真实案例,分享案例主人公在做微商过程中的经验教训 | 案例真实,有借鉴意义 |
| | **阿里巴巴实战运营——14 招玩转诚信通**<br>聂志新　著 | 本书主要介绍阿里巴巴诚信通的十四个基本推广操作,从而帮助使用诚信通的用户及企业更好地提升业绩 | 基本操作,很多可以边学边用,简单易学 |
| | **阿里巴巴实战运营 2:诚信通热卖技巧**<br>聂嵘海　著 | 诚信通 TOP 商家赚钱的密码箱,手把手教你操作,拿来就用 | 图文并茂,内容齐全,直接可以对照使用 |
| | **抖音营销如何做:未来抖商**<br>刘大贺　著 | 解密从 0 到 1 亿粉丝的实操路径,深度剖析抖音营销全系统策略 | 企业做抖音营销的第一本书 |
| | **微商团队长:从入门到精通**<br>罗品牌　著 | 由浅入深,涵盖微商团队长必学技能的方方面面 | 只要照着做,就能当好微商团队长 |
| | **互联网精准营销**<br>蒋　军　著 | 怎么在互联网时代整体策划、包装品牌和产品,并在此基础上为企业设计商业模式,技术实现并运营落地 | 为有基础的小微企业(大企业的新项目)1 年实现销售额过亿,2 年对接资本,3 年左右准 IPO |
| | **今后这样做品牌:移动互联时代的品牌营销策略**<br>蒋　军　著 | 与移动互联紧密结合,告诉你老方法还能不能用,新方法怎么用 | 今后这样做品牌就对了 |

| | 书名·作者 | 内容/特色 | 读者价值 |
|---|---|---|---|
| **互联网+** | **互联网+"变"与"不变":本土管理实践与创新论坛集萃·2016**<br>本土管理实践与创新论坛 著 | 本土管理领域正在产生自己独特的理论和模式,尤其在移动互联网时代,有很多新课题需要本土专家们一起研究 | 帮助读者拓宽眼界、突破思维 |
| | **创造增量市场:传统企业互联网转型之道**<br>刘红明 著 | 传统企业需要用互联网思维去创造增量,而不是用电子商务去转移传统业务的存量 | 教你怎么在"互联网+"的海洋中创造实实在在的增量 |
| | **重生战略:移动互联网和大数据时代的转型法则**<br>沈拓 著 | 在移动互联网和大数据时代,传统企业转型如同生命体打算与再造,称之为"重生战略" | 帮助企业认清移动互联网环境下的变化和应对之道 |
| | **画出公司的互联网进化路线图:用互联网思维重塑产品、客户和价值**<br>李蓓 著 | 18个问题帮助企业一步步梳理出互联网转型思路 | 思路清晰、案例丰富,非常有启发性 |
| | **7个转变,让公司3年胜出**<br>李蓓 著 | 消费者主权时代,企业该怎么办 | 这就是互联网思维,老板有能这样想,肯定倒不了 |
| | **跳出同质思维,从跟随到领先**<br>郭剑 著 | 66个精彩案例剖析,帮助老板突破行业长期思维惯性 | 做企业竟然有这么多玩法,开眼界 |

## 行业类:零售、白酒、食品/快消品、农业、医药、建材家居等

| | 书名·作者 | 内容/特色 | 读者价值 |
|---|---|---|---|
| **零售·超市·餐饮·服装** | **总部有多强大,门店就能走多远**<br>IBMG国际商业管理集团 著 | 如何把总部做强,成为门店的坚实后盾 | 了解总部建设的方法与经验 |
| | **超市卖场定价策略与品类管理**<br>IBMG国际商业管理集团 著 | 超市定价策略与品类管理实操案例和方法 | 拿来就能用的理论和工具 |
| | **连锁零售企业招聘与培训破解之道**<br>IBMG国际商业管理集团 著 | 围绕零售企业组织架构、培训体系建设等内容进行深刻探讨 | 破解人才发现和培养瓶颈的关键点 |
| | **中国首家未来超市:解密安徽乐城**<br>IBMG国际商业管理集团 著 | 介绍了乐城作为中国首家未来超市从无到有的传奇经历 | 了解新型零售超市的运作方式及管理特色 |
| | **三四线城市超市如何快速成长:解密甘雨亭**<br>IBMG国际商业管理集团 著 | 揭秘一家三四线连锁超市的经验策略 | 不但可以欣赏它的优点,而且可以学会它成功的方法 |
| | **新零售 新终端**<br>迪智成咨询团队 著 | 梳理和提炼新零售的系统打法,将之落地在新终端建设上 | 让新零售这一看似形而上的商业概念有了可以落地的立足点 |
| | **新零售动作分解:建材 家居 家具**<br>盛斌子 著 | 第一本锁定在家居建材、家电、家装等耐用消费品领域谈新零售的书 | 第一本谈新零售的具体动作、策略、方法、招术的书,拿来就用 |
| | **新零售进化趋势与未来格局**<br>李政权 著 | 通过业态、品类、体验、场景等,逐一呈现新零售的未来进化 | 就新零售未来的发展方向与进化趋势给出一个确定性的未来 |
| | **涨价也能卖到翻**<br>村松达夫【日】 | 提升客单价的15种实用、有效的方法 | 日本企业在这方面非常值得学习和借鉴 |
| | **移动互联下的超市升级**<br>联商网专栏频道 著 | 深度解析超市转型升级重点 | 帮助零售企业把握全局、看清方向 |

| | | | |
|---|---|---|---|
| 零售·超市·餐饮·服装 | 手把手教你做专业督导:专卖店、连锁店<br>熊亚柱 著 | 从督导的职能、作用,在工作中需要的专业技能、方法,都提供了详细的解读和训练办法,同时附有大量的表单工具 | 无论是店铺需要统一培训,还是个人想成为优秀的督导,有这一本就够了 |
| | 百货零售全渠道营销策略<br>陈继展 著 | 没有照本宣科、说教式的絮叨,只有笔者对行业的认知与理解,庖丁解牛式的逐项解析、展开 | 通俗易懂,花极少的时间快速掌握该领域的知识及趋势 |
| | 零售:把客流变成购买力<br>丁昀 著 | 如何通过不断升级产品和体验式服务来经营客流 | 如何进行体验营销,国外的好经营,这方面有启发 |
| | 餐饮企业经营策略第一书<br>吴坚 著 | 分别从产品、顾客、市场、盈利模式等几个方面,对现阶段餐饮企业的发展提出策略和思路 | 第一本专业的、高端的餐饮企业经营指导书 |
| | 餐饮新营销<br>杨勇 程绍珊 著 | 在新环境下,对餐饮营销管理进行了全面深入的解读,提供了方式方法 | 全面性、系统性,区别于市面上的纯操作类作品 |
| | 电影院的下一个黄金十年:开发·差异化·案例<br>李保煜 著 | 对目前电影院市场存大的问题及如何解决进行了探讨与解读 | 多角度了解电影院运营方式及代表性案例 |
| | 赚不赚钱靠店长:从懂管理到会经营<br>孙彩军 著 | 通过生动的案例来进行剖析,注重门店管理细节方面的能力提升 | 帮助终端门店店长在管理门店的过程中实现经营思路的拓展与突破 |
| 耐消品 | 商用车经销商运营实战<br>杜建君 王朝阳 章晓青 等著 | 从管理到经营,从销售到服务,系统化运作全指导 | 为经销商经营开阔思路,掌握方法 |
| | 汽车配件这样卖:汽车后市场销售秘诀100条<br>俞士耀 著 | 汽配销售业务员必读,手把手教授最实用的方法,轻松得来好业绩 | 快速上岗,专业实效,业绩无忧 |
| | 润滑油销售:这样说这样做更有效<br>张金荣 著 | 针对渠道、经销商、终端的超实用话术 | 上车看,下车用,3分钟就能学会。 |
| | 新经销:新零售时代,教你做大商<br>黄润霖 著 | 从选址、产品、促销、团队、规模阐述新经销变与不变的市场手法和操作思路 | 实地拜访近100位经销商在传统营销手法上的创新、新营销工具的发现 |
| | 珠宝黄金新营销<br>崔德乾 著 | 营销、品牌、产品、连接、场景、社群、服务、传播、管理及产业价值链 | 新营销在珠宝行业的实战应用,业内必备第一书 |
| | 跟行业老手学经销商开发与管理:家电、耐消品、建材家居<br>黄润霖 著 | 全部来源于经销商管理的一线问题,作者用丰富的经验将每一个问题落实到最便捷快速的操作方法上去 | 书中每一个问题都是普通营销人亲口提出的,这些问题你也会遇到,作者进行的解答则精彩实用 |
| 白酒 | 酒水饮料快消品餐饮渠道营销手册<br>朱伟杰 著 | 主要针对快消品(酒水、饮料)的餐饮渠道,提供了区域、商圈、不同业态的规划和促销安排等多种工具,并提出了经销商、批发商等相关人员的管理方法 | 一本酒水饮料如何在餐饮渠道销售的全能手册,内容深入翔实,可以直接照搬套用,这样的便利简直千金不换 |
| | 白酒到底如何卖<br>赵海永 著 | 以市场实战为主,多层次、全方位、多角度地阐释了白酒一线市场操作的最新模式和方法,接地气 | 实操性强,37个方法,6大案例帮你成功卖酒 |
| | 变局下的白酒企业重构<br>杨永华 著 | 帮助白酒企业从产业视角看清趋势,找准位置,实现弯道超车的书 | 行业内企业要减少90%,自己在什么位置,怎么做,都清楚了 |

| | | | |
|---|---|---|---|
| 白酒 | **1. 白酒营销的第一本书(升级版)**<br>**2. 白酒经销商的第一本书**<br>唐江华 著 | 华泽集团湖南开口笑公司品牌部长,擅长酒类新品推广、新市场拓展 | 扎根一线,实战 |
| | **区域型白酒企业营销必胜法则**<br>朱志明 著 | 为区域型白酒企业提供35条必胜法则,在竞争中赢销的葵花宝典 | 丰富的一线经验和深厚积累,实操实用 |
| | **10步成功运作白酒区域市场**<br>朱志明 著 | 白酒区域操盘者必备,掌握区域市场运作的战略、战术、兵法 | 在区域市场的攻伐防守中运筹帷幄,立于不败之地 |
| | **酒业转型大时代:微酒精选2014－2015**<br>微酒 主编 | 本书分为五个部分:当年大事件、那些酒业营销工具、微酒独立策划、业内大调查和十大经典案例 | 了解行业新动态、新观点,学习营销方法 |
| 快消品·食品 | **中国快消品营销的这些年**<br>史贤龙 著 | 作者精华文章的合集,一本书浓缩了过去十五年,中国营销的实战历程与前沿思考 | 快消品营销行业的案例和方法都原汁原味呈现,在反映当时风貌的同时,展望与反思 |
| | **营销中国茶:2小时读懂茶叶营销**<br>史贤龙 著 | 从不同视角对中国的茶营销进行了思考,内容涉及中国茶产业战略困境、茶企规模化、茶品牌崛起、茶文化、茶营销、茶消费、茶零售、茶道等 | 内容丰富扎实,文字流畅,浓缩的都是精华,让你2小时读懂茶叶营销 |
| | **这样打造快消品标杆市场**<br>罗宏文 著 | 帮助你解决如何成功打造标杆市场和进行持续增量管理两大问题 | 一套系统的方法论,通俗易懂,可以直接套用 |
| | **5小时读懂快消品营销:中国快消品案例观察**<br>陈海超 著 | 多年营销经验的一线老手把案例掰开了、揉碎了,从中得出的各种手段和方法给读者以帮助和启发 | 营销那些事儿的个中秘辛,求人还不一定告诉你,这本书里就有 |
| | **快消品招商的第一本书:从入门到精通**<br>刘雷 著 | 深入浅出,不说废话,有工具方法,通俗易懂 | 让零基础的招商新人快速学习书中最实用的招商技能,成长为骨干人才 |
| | **乳品营销第一书**<br>侯军伟 著 | 对区域乳品企业生存发展关键性问题的梳理 | 唯一的区域乳品营销书,区域乳品企业一定要看 |
| | **金龙鱼背后的粮油帝国**<br>余盛 著 | 讲述金龙鱼品牌及母公司丰益国际的商业冒险故事 | 在精彩的阅读体验中学到营销管理的方法 |
| | **食用油营销第一书**<br>余盛 著 | 10多年油脂企业工作经验,从行业到具体实操 | 食用油行业第一书,当之无愧 |
| | **中国茶叶营销第一书**<br>柏龑 著 | 如何跳出茶行业"大文化小产业"的困境,作者给出了自己的观察和思考 | 不是传统做茶的思路,而是现在商业做茶的思路 |
| | **调味品企业八大必胜法则**<br>张戟 著 | 八大规律性的关键成功要素,背后都有本土调味品企业的成功实践 | "观点阐述＋案例描述",行业必读 |
| | **调味品营销第一书**<br>陈小龙 著 | 国内唯一一本调味品营销的书 | 唯一的调味品营销的书,调味品的从业者一定要看 |
| | **快消品营销人的第一本书:从入门到精通**<br>刘雷 伯建新 著 | 快消行业必读书,从入门到专业 | 深入细致,易学易懂 |

| | | | |
|---|---|---|---|
| 快消品·食品 | 变局下的快消品营销实战策略<br>杨永华 著 | 通胀了,成本增加,如何从被动应战变成主动的"系统战" | 作者对快消品行业非常熟悉、非常实战 |
| | 快消品经销商如何快速做大<br>杨永华 著 | 本书完全从实战的角度,评述现象,解析误区,揭示原理,传授方法 | 为转型期的经销商提供了解决思路,指出了发展方向 |
| | 快消品营销:一位销售经理的工作心得2<br>蒋 军 著 | 快消品、食品饮料营销的经验之谈,重点图书 | 来源与实战的精华总结 |
| | 快消品营销与渠道管理<br>谭长春 著 | 将快消品标杆企业渠道管理的经验和方法分享出来 | 可口可乐、华润的一些具体的渠道管理经验,实战 |
| | 成为优秀的快消品区域经理(升级版)<br>伯建新 著 | 用"怎么办"分析区域经理的工作关键点,增加30%全新内容,更贴近环境变化 | 可以作为区域经理的"速成催化器" |
| | 销售轨迹:一位快消品营销总监的拼搏之路<br>秦国伟 著 | 本书讲述了一个普通销售员打拼成为跨国企业营销总监的真实奋斗历程 | 激励人心,给广大销售员以力量和鼓舞 |
| | 快消老手都在这样做:区域经理操盘锦囊<br>方 刚 著 | 非常接地气,全是多年沉淀下来的干货,丰富的一线经验和实操方法不可多得 | 在市场摸爬滚打的"老油条",那些独家绝招妙招一般你问他都是问不来的 |
| | 动销四维:全程辅导与新品上市<br>高继中 著 | 从产品、渠道、促销和新品上市详细讲解提高动销的具体方法,总结作者18年的快消品行业经验,方法实操 | 内容全面系统,方法实操 |
| 农业 | 饲料营销有方法:策略 案例 工具<br>陈石平 著 | 跳出饲料看饲料,根据饲料营销的关键成功要素(KSF)提出7大核心命题 | 紧跟农牧产业发展大势,提高饲料企业营销竞争力 |
| | 新农资如何换道超车<br>刘祖轲 等著 | 从农业产业化、互联网转型、行业营销与经营突破四个方面阐述如何让农资企业占领先机、提前布局 | 南方略专家告诉你如何应对资源浪费、生产效率低下、产能严重过剩、价格与价值严重扭曲等 |
| | 中国牧场管理实战:畜牧业、乳业必读<br>黄剑黎 著 | 本书不仅提供了来自一线的实际经验,还收入了丰富的工具文档与表单 | 填补空白的行业必读作品 |
| | 中小农业企业品牌战法<br>韩 旭 著 | 将中小农业企业品牌建设的方法,从理论讲到实践,具有指导性 | 全面把握品牌规划,传播推广,落地执行的具体措施 |
| | 农资营销实战全指导<br>张 博 著 | 农资如何向"深度营销"转型,从理论到实践进行系统剖析,经验资深 | 朴实、使用!不可多得的农资营销实战指导 |
| | 农产品营销第一书<br>胡浪球 著 | 从农业企业战略到市场开拓、营销、品牌、模式等 | 来源于实践中的思考,有启发 |
| | 变局下的农牧企业9大成长策略<br>彭志雄 著 | 食品安全、纵向延伸、横向联合、品牌建设…… | 唯一的农牧企业经营实操的书,农牧企业一定要看 |
| 医药 | 在中国,医药营销这样做:时代方略精选文集<br>段继东 主编 | 专注于医药营销咨询15年,将医药营销方法的精华文章合编,深入全面 | 可谓医药营销领域的顶尖著作,医药界读者的必读书 |
| | 医药新营销:制药企业、医药商业企业营销模式转型<br>史立臣 著 | 医药生产企业和商业企业在新环境下如何做营销?老方法还有没有用?如何寻找新方法?新方法怎么用?本书给你答案 | 内容非常现实接地气,踏实谈问题说方法 |

| | | | |
|---|---|---|---|
| 医药 | 医药企业转型升级战略<br>史立臣　著 | 药企转型升级有 5 大途径,并给出落地步骤及风险控制方法 | 实操性强,有作者个人经验总结及分析 |
| | 新医改下的医药营销与团队管理<br>史立臣　著 | 探讨新医改对医药行业的系列影响和医药团队管理 | 帮助理清思路,有一个框架 |
| | 医药营销与处方药学术推广<br>马宝琳　著 | 如何用医学策划把"平民产品"变成"明星产品" | 有真货、讲真话的作者,堪称处方药营销的经典! |
| | 医药行业大洗牌与药企创新<br>林延君　沈　斌　著 | 一方面,围绕着变革,多角度阐述药企的应对之道;另一方面,紧扣实践,介绍近百家医药企业创新实践案例 | 医改变革 10 年,医药企业如何应对大洗牌?重磅出击的药企人必读书 |
| | 新医改了,药店就要这样开<br>尚　锋　著 | 药店经营、管理、营销全攻略 | 有很强的实战性和可操作性 |
| | 电商来了,实体药店如何突围<br>尚　锋　著 | 电商崛起,药店该如何突围?本书从促销、会员服务、专业性、客单价等多重角度给出了指导方向 | 实战攻略,拿来就能用 |
| | OTC 医药代表药店销售 36 计<br>鄢圣安　著 | 以《三十六计》为线,写 OTC 医药代表向药店销售的一些技巧与策略 | 案例丰富,生动真实,实操性强 |
| | OTC 医药代表药店开发与维护<br>鄢圣安　著 | 要做到一名专业的医药代表,需要做什么、准备什么、知识储备、操作技巧等 | 医药代表药店拜访的指导手册,手把手教你快速上手 |
| | 引爆药店成交率 1:店员导购实战<br>范月明　著 | 一本书解决药店导购所有难题 | 情景化、真实化、实战化 |
| | 引爆药店成交率 2:经营落地实战<br>范月明　著 | 最接地气的经营方法全指导 | 揭示了药店经营的几类关键问题 |
| | 引爆药店成交率:专业化销售解决方案<br>范月明　著 | 药品搭配分析与关联销售 | 为药店人专业化助力 |
| | 处方药合规推广实战宝典<br>赵佳震　著 | 推广体系搭建、推广人员岗位工作内容、推广服务外包商管理等六个方面 | 解决"医药代表转型"和"推广服务外包商管理"的困惑 |
| | 医药代理商实操全指导:新环境　新战法<br>戴文杰　著 | 结合医药市场政策环境解读新环境下医药招商的战法,着重分析药品产业链的盈利机会 | 医药销售业务人员的必备读物 |
| | 攻略基层诊所:医药营销这样做<br>张江民　著 | 对基层诊所的开发、维护和动销,拿来就用的方式方法 | 实战是本书的主旨,只要用心去看,就能在基层诊所市场中运用 |
| | 互联网医药的未来<br>动脉网　编著 | 介绍了互联网医药发展的现状与趋势 | 帮助创业者和投资人看清未来,把握当下 |
| | 处方药零售这样做<br>田　军　著 | 阐述了处方药零售的重要性,以及做处方药零售市场的具体措施和方法 | 系统性了解和掌握处方药零售方法 |
| 建材家居 | 成为最赚钱的家具建材经销商<br>李治江　著 | 从销售模式、产品、门店等老板们最关注和最需要的方面解决问题、提供方法 | 只要你是建材、家具、家居用品的经销商老板,这就是一本必读的书 |
| | 定制家居黄金十年<br>韩　锋　翁长华　著 | 梳理了定制家居的商业模式和发展情况 | 帮助定制家居看清方向,把握当下 |
| | 家具建材促销与引流<br>薛　亮　李永峰　著 | 十大促销模式的详细方法和工具 | 让你天天签大单 |

| | | | |
|---|---|---|---|
| 建材家居 | 家具行业操盘手<br>王献永　著 | 家具行业问题的终结者 | 解决了干家具还有没有前途? 为什么同城多店的家具经销商很难做大做强等问题 |
| | 建材家居营销:除了促销还能做什么<br>孙嘉晖　著 | 一线老手的深度思考,告诉你在建材家居营销模式基本停滞的今天,除了促销,营销还能怎么做 | 给你的想法一场革命 |
| | 建材家居营销实务<br>程绍珊　杨鸿贵　主编 | 价值营销运用到建材家居,每一步都让客户增值 | 有自己的系统、实战 |
| | 家居建材门店6力爆破<br>贾同领　著 | 合盘道出一线品牌销量秘籍 | 6力招招见血,既有招数,又有策略 |
| | 建材家居门店销量提升<br>贾同领　著 | 店面选址、广告投放、推广助销、空间布局、生动展示、店面运营等 | 门店销量提升是一个系统工程,非常系统、实战 |
| | 10步成为最棒的建材家居门店店长<br>徐伟泽　著 | 实际方法易学易用,让员工能够迅速成长,成为独当一面的好店长 | 只要坚持这样干,一定能成为好店长 |
| | 手把手帮建材家居导购业绩倍增:成为顶尖的门店店员<br>熊亚柱　著 | 生动的表现形式,让普通人也能成为优秀的导购员,让门店业绩长红 | 读着有趣,用着简单,一本在手、业绩无忧 |
| | 建材家居经销商实战42章经<br>王庆云　著 | 告诉经销商:老板怎么当、团队怎么带、生意怎么做 | 忠言逆耳,看着不舒服就对了,实战总结,用一招半式就值了 |
| 工业品 | 销售是门专业活:B2B、工业品<br>陆和平　著 | 销售流程就应该跟着客户的采购流程和关注点的变化向前推进,将一个完整的销售过程分成十个阶段,提供具体方法 | 销售不是请客吃饭拉关系,是个专业的活计!方法在手,走遍天下不愁 |
| | 解决方案营销实战案例<br>刘祖轲　著 | 用10个真案例讲明白什么是工业品的解决方案式营销,实战、实用 | 有干货,真正操作过的才能写得出来 |
| | 变局下的工业品企业7大机遇<br>叶敦明　著 | 产业链条的整合机会、盈利模式的复制机会、营销红利的机会、工业服务商转型机会…… | 工业品企业还可以这样做,思维大突破 |
| | 工业品市场部实战全指导<br>杜　忠　著 | 工业品市场部经理工作内容全指导 | 系统、全面,有理论、有方法,帮助工业品市场部经理更快提升专业能力 |
| | 工业品营销管理实务<br>李洪道　著 | 中国特色工业品营销体系的全面深化、工业品营销管理体系优化升级 | 工具更实战,案例更鲜活,内容更深化 |
| | 工业品企业如何做品牌<br>张东利　著 | 为工业品企业提供最全面的品牌建设思路 | 有策略、有方法、有思路、有工具 |
| | 丁兴良讲工业4.0<br>丁兴良　著 | 没有枯燥的理论和说教,用朴实直白的语言告诉你工业4.0的全貌 | 工业4.0是什么? 本书告诉你答案 |
| | 资深大客户经理:策略准,执行狠<br>叶敦明　著 | 从业务开发、发起攻势、关系培育、职业成长四个方面,详述了大客户营销的精髓 | 满满的全是干货 |
| | 两化融合管理系统贯标流程与方法<br>戴　勇　张华杰　张百荣　编著 | 全面梳理贯标流程和方法 | 帮助企业成功贯标 |

| 工业品 | 一切为了订单:订单驱动下的工业品营销实战<br>唐道明 著 | 其实,所有的企业都在围绕着两个字在开展全部的经营和管理工作,那就是"订单" | 开发订单、满足订单、扩大订单。本书全是实操方法,字字珠玑,句句干货,教你获得营销的胜利 |
|---|---|---|---|
| 金融 | 交易心理分析<br>(美)马克·道格拉斯 著<br>刘真如 译 | 作者一语道破赢家的思考方式,并提供了具体的训练方法 | 不愧是投资心理的第一书,绝对经典 |
| | 精品银行管理之道<br>崔海鹏 何屹 主编 | 中小银行转型的实战经验总结 | 中小银行的教材很多,实战类的书很少,可以看看 |
| | 支付战争<br>Eric M. Jackson 著<br>徐彬 王晓 译 | PayPal创业期营销官,亲身讲述PayPal从诞生到壮大到成功出售的整个历史 | 激烈、有趣的内幕商战故事! 了解美国支付市场的风云巨变 |
| | 中外并购名著专业阅读指南<br>叶兴平 等著 | 在5000多本并购类图书中精选的200著作,在阅读的基础上写的读书评价 | 精挑细选200本并一一评介,省去读者挑选的烦恼,快捷、高效 |
| | 新三板信息披露全流程:操作与工具<br>和珩科技 著 | 详细拆解董秘日常工作过程中所需的信息披露流程 | 董秘案头必备用书 |
| | 成功并购300本:一本书搞定并购难题<br>浩德军师并购联盟 著 | 从财务,税务,法律等角度详细解答疑问 | 能解决80%的并购问题 |
| | 互联网时代的银行转型<br>韩友诚 著 | 以大量案例形式为读者全面展示和分析了银行的互联网金融转型应对之道 | 结合本土银行转型发展案例的书籍 |
| 房地产 | 产业园区/产业地产规划、招商、运营实战<br>阎立忠 著 | 目前中国第一本系统解读产业园区和产业地产建设运营的实战宝典 | 从认知、策划、招商到运营全面了解地产策划 |
| | 人文商业地产策划<br>戴欣明 著 | 城市与商业地产战略定位的关键是不可复制性,要发现独一无二的"味道" | 突破千城一面的策划困局 |
| | 中国城市群房地产投资策略<br>吕俊博 著 | 全方位、多角度分析城市群房地产现状是趋势 | 让亿元资产投资更理性、更安全 |
| | 电影院的下一个黄金十年:开发·差异化·案例<br>李保煜 著 | 对目前电影院市场存大的问题及如何解决进行了探讨与解读 | 多角度了解电影院运营方式及代表性案例 |
| 能源 | 全能型班组:城市能源互联网与电力班组升级<br>国网天津市电力公司 编著 | 借鉴国内外优秀企业的转型升级思路,通过对于新型班组组织模式和运行机制的大胆设想,力图构建充分适应内外环境变化的全能型班组 | 看看庞大的国企在新环境下是如何顺应时代的 |
| | 国网天津电力全能型班组建设实务<br>国网天津市电力公司 编著 | 本书聚焦于天津电力公司在探索全能型班组转型升级时的优秀实践 | 电力行业的班组实践,具体、可操作性强 |

**经营类:企业如何赚钱,如何抓机会,如何突破,如何"开源"**

| | 书名.作者 | 内容/特色 | 读者价值 |
|---|---|---|---|
| 抓方向 | 让经营回归简单.升级版<br>宋新宇 著 | 化繁为简抓住经营本质:战略、客户、产品、员工、成长 | 经典,做企业就这几个关键点! |

| | 书名/作者 | 简介 | 评价 |
|---|---|---|---|
| 抓方向 | 混沌与秩序Ⅰ:变革时代企业领先之道<br>混沌与秩序Ⅱ:变革时代管理新思维<br>彭剑锋　尚艳玲　主编 | 汇集华夏基石专家团队10年来研究成果,集中选择了其中的精华文章编纂成册 | 作者都是既有深厚理论积淀又有实践经验的重磅专家,为中国企业和企业家的未来提出了高屋建瓴的观点 |
| | 活系统:跟任正非学当老板<br>孙行健　尹贤　著 | 以任正非的独到视角,教企业老板如何经营公司 | 看透公司经营本质,激活企业活力 |
| | 重构:快消品企业重生之道<br>杨永华　著 | 从7个角度,帮助企业实现系统性的改造 | 提供转型思想与方法,值得参考 |
| | 公司由小到大要过哪些坎<br>卢强　著 | 老板手里的一张"企业成长路线图" | 现在我在哪儿,未来还要走哪些路,都清楚了 |
| | 企业二次创业成功路线图<br>夏惊鸣　著 | 企业曾经抓住机会成功了,但下一步该怎么办? | 企业怎样获得第二次成功,心里有个大框架了 |
| | 老板经理人双赢之道<br>陈明　著 | 经理人怎养选平台、怎么开局,老板怎选/育/用/留 | 老板生闷气,经理人牢骚大,这次知道该怎么办了 |
| | 简单思考:AMT咨询创始人自述<br>孔祥云　著 | 著名咨询公司(AMT)的CEO创业历程中点点滴滴的经验与思考 | 每一位咨询人,每一位创业者和管理经营者,都值得一读 |
| | 企业文化的逻辑<br>王祥伍　黄健江　著 | 为什么企业绩效如此不同,解开绩效背后的文化密码 | 少有的深刻,有品质,读起来很流畅 |
| | 使命驱动企业成长<br>高可为　著 | 钱能让一个人今天努力,使命能让一群人长期努力 | 对于想做事业的人,'使命'是绕不过去的 |
| 思维突破 | 盈利原本就这么简单<br>高可为　著 | 从财务的角度揭示企业盈利的秘密 | 多方面解读商业模式与盈利的关系,通俗易懂,受益匪浅 |
| | 经营:打造你的盈利系统<br>高可为　著 | 从盈利角度梳理了系统化的经营方式 | 让企业掌舵者把控经营全局 |
| | 创模式:23个行业创新案例<br>段传敏　著 | 23位行业精英的创新对话 | 创业者、转型者的实战参考 |
| | 企业良性成长:用顶层设计突破瓶颈<br>刘建兆　著 | 全方位介绍企业顶层设计的方法和思路 | 帮助企业用顶层设计突破成长瓶颈 |
| | 移动互联新玩法:未来商业的格局和趋势<br>史贤龙　著 | 传统商业、电商、移动互联,三个世界并存,这种新格局的玩法一定要懂 | 看清热点的本质,把握行业先机,一本书搞定移动互联网 |
| | 画出公司的互联网进化路线图:用互联网思维重塑产品、客户和价值<br>李蓓　著 | 18个问题帮助企业一步步梳理出互联网转型思路 | 思路清晰、案例丰富,非常有启发性 |
| | 重生战略:移动互联网和大数据时代的转型法则<br>沈拓　著 | 在移动互联网和大数据时代,传统企业转型如何生命体打算与再造,称之为"重生战略" | 帮助企业认清移动互联网环境下的变化和应对之道 |
| | 创造增量市场:传统企业互联网转型之道<br>刘红明　著 | 传统企业需要用互联网思维去创造增量,而不是用电子商务去转移传统业务的存量 | 教你怎么在"互联网+"的海洋中创造实实在在的增量 |

| | 书名·作者 | 内容/特色 | 读者价值 |
|---|---|---|---|
| 思维突破 | **7个转变,让公司3年胜出**<br>李 蓓 著 | 消费者主权时代,企业该怎么办 | 这就是互联网思维,老板有能这样想,肯定倒不了 |
| | **跳出同质思维,从跟随到领先**<br>郭 剑 著 | 66个精彩案例剖析,帮助老板突破行业长期思维惯性 | 做企业竟然有这么多玩法,开眼界 |
| | **互联网+"变"与"不变":本土管理实践与创新论坛集萃·2016**<br>本土管理实践与创新论坛 著 | 加速本土管理思想的孕育诞生,促进本土管理创新成果更好地服务企业、贡献社会 | 各个作者本年度最新思想,帮助读者拓宽眼界、突破思维 |
| | **消费升级:实践 研究(文集)**<br>本土管理实践与创新论坛 著 | 38位管理专家及7位学者的精华思想,从经营、管理、行业及思想研究四个方面阐述中国企业在消费升级下的实践与研究 | 思想启发,行业借鉴 |
| 财务 | **写给企业家的公司与家庭财务规划——从创业成功到富足退休**<br>周荣辉 著 | 本书以企业的发展周期为主线,写各阶段企业与企业主家庭的财务规划 | 为读者处理人生各阶段企业与家庭的财务问题提供建议以及方法,让家庭成员真正享受财富带来的益处 |
| | **互联网时代的成本观**<br>程 翔 著 | 本书结合互联网时代提出了成本的多维观,揭示了多维组合成本的互联网精神和大数据特征,论述了其产生背景、实现思路和应用价值 | 在传统成本观下为盈利的业务,在新环境下也许就成为亏损业务。帮助管理者从新的角度来看待成本,进一步做好精益管理 |
| | **财报背后的投资机会**<br>蒋 豹 著 | 以具体的公司案例分析,教你迅速看出财务报表与企业经营的关系、所反映的企业经营现状,从而找到投资机会 | 前四大会计所员工为读者解密财报,发现投资机会 |

## 管理类:效率如何提升,如何实现经营目标,如何"节流"

| | 书名·作者 | 内容/特色 | 读者价值 |
|---|---|---|---|
| 通用管理 | **让管理回归简单·升级版**<br>宋新宇 著 | 从目标、组织、决策、授权、人才和老板自己层面教你怎样做管理 | 帮助管理抓住管理的要害,让管理变得简单 |
| | **让经营回归简单·升级版**<br>宋新宇 著 | 从战略、客户、产品、员工、成长,经营者自身等七个方面,归纳总结出简单有效的经营法则 | 总结出的真正优秀企业的成功之道:简单 |
| | **让用人回归简单**<br>宋新宇 著 | 从用人的原则、用人的难题与误区、用人的方法和用人者的修炼四大方面,总结出适合中小企业做好人才管理工作的法则 | 帮助管理者抓住用人的要害,让用人变得简单 |
| | **历史深处的管理智慧1:组织建设与用人之道**<br>刘文瑞 著 | 对历史之典故、政事、人事、政制进行管理解析,鉴照企业人才的选用育留 | 推动理论与实践的对接,实现理性与情感的渗透,用中国话语说明管理智慧 |
| | **历史深处的管理智慧2:战略决策与经营运作**<br>刘文瑞 著 | 对历史之典故、政事、人事、政制进行管理解析,鉴照企业战略设计与经营实践 | 推动理论与实践的对接,实现理性与情感的渗透,用中国话语说明管理智慧 |
| | **历史深处的管理智慧3:领导修炼与文化素养**<br>刘文瑞 著 | 对历史之典故、政事、人事、政制进行管理解析,鉴照企业领导职业能力提升与文化修养 | 推动理论与实践的对接,实现理性与情感的渗透,用中国话语说明管理智慧 |

| | | | |
|---|---|---|---|
| 通用管理 | 管理的尺度<br>刘文瑞　著 | 对管理中的种种普遍性问题进行了批评 | 提高把握管理尺度的能力 |
| | 管理学在中国<br>刘文瑞　著 | 系统性介绍了管理学在中国的发展和演变 | 了解管理学在中国的发展脉络，更清晰理解管理学的本质 |
| | 看电影，懂管理<br>刘文瑞　著 | 16部经典电影，带你感悟管理智慧 | 能够帮助读者放松身心，驰骋想象，在不知不觉中增长智慧 |
| | 管理：以规则驾驭人性<br>王春强　著 | 详细解读企业规则的制定方法 | 从人与人博弈角度提升管理的有效性 |
| | 打造集成供应链：走出挂一漏十的改善困境<br>王春强　著 | 详解集成供应链全过程 | 帮助企业优化供应链管理 |
| | 用好骨干员工：关键人才培养与激励<br>王　敏　著 | 系统化分享关键人才打造与激励方法 | 企业能实在用人的最大化价值 |
| | 改变世界的管理学大师1：管理学的前世今生<br>刘文瑞　编著 | 介绍了古典管理学时期的大师事迹和思想 | 深入了解管理大师们的思想和智慧 |
| | 成为企业欢迎的咨询师<br>张国祥　著 | 从调研到落地，手把手教你咨询流程 | 不走弯路，方便直接的学到老咨询师的套路 |
| | 员工心理学超级漫画版<br>邢　雷　著 | 以漫画的形式深度剖析员工心理 | 帮助管理者更了解员工，从而更轻松地管理员工 |
| | 老板有想法，高层有干法：企业中的将帅之道<br>王清华　著 | 深入剖析老板与高管的异同 | 各司其职，各行其是，相辅相成 |
| | 分股合心：股权激励这样做<br>段磊　周剑　著 | 通过丰富的案例，详细介绍了股权激励的知识和实行方法 | 内容丰富全面、易读易懂，了解股权激励，有这一本就够了 |
| | 边干边学做老板<br>黄中强　著 | 创业20多年的老板，有经验、能写、又愿意分享，这样的书很少 | 处处共鸣，帮助中小企业老板少走弯路 |
| | 成为敏感而体贴的公司<br>王　涛　著 | 本书为作者对企业的观察和冥想的随笔记录。从生活中的一个现象入手，进而探索现象背后的本质 | 从全新角度认识公司 |
| | 中国企业的觉醒：正直　善良　成长<br>王　涛　著 | 围绕着企业人如何发生转化展开，对中国人、中国文化及由此导致的企业现状的观察和思考 | 企业除了要利润，还需要道德 |
| | 有意识的思考：轻松化解问题的7个思考习惯<br>王　涛　著 | 本书是对思想、思考过程、思考方式进行的细致观察 | 养成好的思考习惯，更深刻地看问题 |
| | 中国式阿米巴落地实践之从交付到交易<br>胡八一　著 | 本书主要讲述阿米巴经营会计，"从交付到交易"，这是成功实施了阿米巴的标志 | 阿米巴经营会计的工作是有逻辑关联的，一本书就能搞定 |
| | 中国式阿米巴落地实践之激活组织<br>胡八一　著 | 重点讲解如何科学划分阿米巴单元，阐述划分的实操要领、思路、方法、技术与工具 | 最大限度减少"推行风险"和"摸索成本"，利于公司成功搭建适合自身的个性化阿米巴经营体系 |

| | | | |
|---|---|---|---|
| **通用管理** | **中国式阿米巴落地实践之持续盈利**<br>胡八一　著 | 把企业做成平台,企业才能做大(格局);把平台做成阿米巴,企业才能做强(专业);把阿米巴做成合伙制,企业才能做久(机制) | 中国式阿米巴落地实践三部曲的最后一部,告诉你企业如何做大做强做久 |
| | **集团化企业阿米巴实战案例**<br>初勇钢　著 | 一家集团化企业阿米巴实施案例 | 指导集团化企业系统实施阿米巴 |
| | **阿米巴经营的中国模式**<br>李志华　著 | 让员工从"要我干"到"我要干",价值量化出来 | 阿米巴在企业如何落地,明白思路了 |
| | **欧博心法:好管理靠修行**<br>曾　伟　著 | 用佛家的智慧,深刻剖析管理问题,见解独到 | 如果真的有'中国式管理',曾老师是其中标志性人物 |
| | **领导这样点燃你的下属**<br>孟广桥　著 | 领导者如何才能让员工积极主动地工作? 如何让你的员工和下属保持工作的热情,自动自发? 看了这本书就知道 | 只要你希望手下的"兵将"永远充满工作的斗志,这本书将使你获益良多 |
| **流程管理** | **1. 用流程解放管理者**<br>**2. 用流程解放管理者2**<br>张国祥　著 | 中小企业阅读的流程管理、企业规范化的书 | 通俗易懂,理论和实践的结合恰到好处 |
| | **跟我们学建流程体系**<br>陈立云　著 | 畅销书《跟我们学做流程管理》系列,更实操,更细致,更深入 | 更多地分享实践,分享感悟,从实践总结出来的方法论 |
| | **人人都要懂流程**<br>金国华　余雅丽　著 | 当前各企业流程管理方面最为典型的痛点现象及问题案例 | 通俗易懂,适合企业全员阅读 |
| **质量管理** | **IATF16949质量管理体系详解与案例文件汇编:TS16949转版IATF16949:2016**<br>谭洪华　著 | 针对IATF的新标准做了详细的解说,同时指出了一些推行中容易犯的错误,提供了大量的表单、案例 | 案例、表单丰富,拿来就用 |
| | **五大质量工具详解及运用案例:APQP/FMEA/PPAP/MSA/SPC**<br>谭洪华　著 | 对制造业必备的五大质量工具中每个文件的制作要求、注意事项、制作流程、成功案例等进行了解读 | 通俗易懂、简便易行,能真正实现学以致用 |
| | **ISO9001:2015新版质量管理体系详解与案例文件汇编**<br>谭洪华　著 | 紧密围绕2015年新版质量管理体系文件逐条详细解读,并提供可以直接套用的案例工具,易学易上手 | 企业质量管理认证、内审必备 |
| | **ISO14001:2015新版环境管理体系详解与案例文件汇编**<br>谭洪华　著 | 紧密围绕2015年新版环境管理体系文件逐条详细解读,并提供可以直接套用的案例工具,易学易上手 | 企业环境管理认证、内审必备 |
| | **ISO14001:2015新版环境管理体系详解与案例文件汇编**<br>谭洪华　著 | 紧密围绕2015年新版环境管理体系文件逐条详细解读,并提供可以直接套用的案例工具,易学易上手 | 企业环境管理认证、内审必备 |
| | **ISO9001:2015 完整文件汇编:制造业**<br>贺红喜　著 | 按照ISO9001标准并超出标准的要求,提供了一套完整的制造业的质量管理体系文件 | 原汁原味完整收入,直接可以拿来就用 |
| | **SA8000:2014 社会责任管理体系认证实战**<br>吕　林　著 | 作者根据自己的操作经验,按认证的流程,以相关案例进行说明SA8000认证体系 | 简单,实操性强,拿来就能用 |

| 质量管理 | 精益质量管理实战工具<br>贺小林　著 | 制造类企业日常工作中所需要的精益管理工具的归纳整理，并进行案例操作的细致分析 | 可以直接参考，实际解决生产中的具体问题 |
|---|---|---|---|
| 战略落地 | 重生——中国企业的战略转型<br>施炜　著 | 从前瞻和适用的角度，对中国企业战略转型的方向、路径及策略性举措提出了一些概括性的建议和意见 | 对企业有战略指导意义 |
| | 公司大了怎么管：从靠英雄到靠组织<br>AMT 金国华　著 | 第一次详尽阐释中国快速成长型企业的特点、问题及解决之道 | 帮助快速成长型企业领导与管理团队理清思路，突破瓶颈 |
| | 低效会议怎么改：每年节省一半会议成本的秘密<br>AMT 王玉荣　著 | 教你如何系统规划公司的各级会议，一本工具书 | 教会你科学管理会议的办法 |
| | 年初订计划，年尾有结果：战略落地七步成诗<br>AMT 郭晓　著 | 7 个步骤教会你怎么让公司制定的战略转变为行动 | 系统规划，有效指导计划实现 |
| 人力资源 | HRBP 是这样炼成的之"菜鸟起飞"<br>新海著 | 以小说的形式，具体解析 HRBP 的职责，应该如何操作，如何为业务服务 | 实践者的经验分享，内容实务具体，形式有趣 |
| | HRBP 是这样炼成的之中级修炼<br>新海著 | 本书以案例故事的方式，介绍了 HRBP 在实际工作中碰到的问题和挑战 | 书中的 HR 解决方案讲究因时因地制宜、简单有效的原则，重在启发读者思路，可供各类企业 HRBP 借鉴 |
| | HRBP 是这样炼成的之高级修炼<br>新海著 | 以故事的形式，展现了 HRBP 工作者在职业发展路上的层层深入和递进 | 为读者提供 HRBP 在实际工作中遇到种种问题的解决方案 |
| | 新任 HR 高管如何从 0 到 1<br>黄渊明　著 | 全景式展现新任高管华丽转身全过程 | 助力新任高管安全着陆 |
| | HR 的劳动法内参<br>李皓楠　著 | 100 个劳动法案例和分析 | 轻松掌握劳动法知识，方便运用 |
| | 把面试做到极致：首席面试官的人才甄选法<br>孟广桥　著 | 作者用自己几十年的人力资源经验总结出的一套实用的确定岗位招聘标准、提升面试官技能素质的简便方法 | 面试官必备，没有空泛理论，只有巧妙的实操技能 |
| | 人力资源体系与 e - HR 信息化建设<br>刘书生　陈莹　王美佳　著 | 将作者经历的人力资源管理变革、人力资源管理信息化咨询项目方法论、工具和成果全面展现给读者，使大家能够将其快速应用到管理实践中 | 系统性非常强，没有废话，全部是浓缩的干货 |
| | 回归本源看绩效<br>孙波著 | 让绩效回顾"改进工具"的本源，真正为企业所用 | 确实是来源于实践的思考，有共鸣 |
| | 世界 500 强资深培训经理人教你做培训管理<br>陈锐　著 | 从 7 大角度具体细致地讲解了培训管理的核心内容 | 专业、实用、接地气 |
| | 曹子祥教你做激励性薪酬设计<br>曹子祥　著 | 以激励性为指导，系统性地介绍了薪酬体系及关键岗位的薪酬设计模式 | 深入浅出，一本书学会薪酬设计 |

| | 书名/作者 | 简介 | 评价 |
|---|---|---|---|
| **人力资源** | 曹子祥教你做绩效管理<br>曹子祥 著 | 复杂的理论通俗化,专业的知识简单化,企业绩效管理共性问题的解决方案 | 轻松掌握绩效管理 |
| | 把招聘做到极致<br>远 鸣 著 | 作为世界 500 强高级招聘经理,作者数十年招聘经验的总结分享 | 带来职场思考境界的提升和具体招聘方法的学习 |
| | 人才评价中心·超级漫画版<br>邢 雷 著 | 专业的主题,漫画的形式,只此一本 | 没想到一本专业的书,能写成这效果 |
| | 走出薪酬管理误区<br>全怀周 著 | 剖析薪酬管理的 8 大误区,真正发挥好枢纽作用 | 值得企业深读的实用教案 |
| | 集团化人力资源管理实践<br>李小勇 著 | 对搭建集团化的企业很有帮助,务实,实用 | 最大的亮点不是理论,而是结合实际的深入剖析 |
| | 我的人力资源咨询笔记<br>张 伟 著 | 管理咨询师的视角,思考企业的 HR 管理 | 通过咨询师的眼睛对比很多企业,有启发 |
| | 本土化人力资源管理 8 大思维<br>周 剑 著 | 成熟 HR 理论,在本土中小企业实践中的探索和思考 | 对企业的现实困境有真切体会,有启发 |
| **企业文化** | 36 个拿来就用的企业文化建设工具<br>海融心胜 主编 | 数十个工具,为了方便拿来就用,每一个工具都严格按照工具属性、操作方法、案例解读划分,实用、好用 | 企业文化工作者的案头必备书,方法都在里面,简单易操作 |
| | 企业文化建设超级漫画版<br>邢 雷 著 | 以漫画的形式系统教你企业文化建设方法 | 轻松易懂好操作 |
| | 华夏基石方法:企业文化落地本土实践<br>王祥伍 谭俊峰 著 | 十年积累、原创方法、一线资料,和盘托出 | 在文化落地方面真正有洞察,有实操价值的书 |
| | 企业文化的逻辑<br>王祥伍 著 | 为什么企业之间如此不同,解开绩效背后的文化密码 | 少有的深刻,有品质,读起来很流畅 |
| | 企业文化激活沟通<br>宋杼宸 安 琪 著 | 透过新任 HR 总经理的眼睛,揭示出沟通与企业文化的关系 | 有实际指导作用的文化落地读本 |
| | 在组织中绽放自我:从专业化到职业化<br>朱仁健 王祥伍 著 | 个人如何融入组织,组织如何助力个人成长 | 帮助企业员工快速认同并投入到组织中去,为企业发展贡献力量 |
| | 企业文化定位·落地一本通<br>王明胤 著 | 把高深枯燥的专业理论创建成一套系统化、实操化、简单化的企业文化缔造方法 | 对企业文化不了解,不会做?有这一本从概念到实操,就够了 |
| **生产管理** | 精益思维:中国精益如何落地<br>刘承元 著 | 笔者二十余年企业经营和咨询管理的经验总结 | 中国企业需要灵活运用精益思维,推动经营要素与管理机制的有机结合,推动企业管理向前发展 |
| | 300 张现场图看懂精益 5S 管理<br>乐 涛 编著 | 5S 现场实操详解 | 案例图解,易懂易学 |
| | 高员工流失率下的精益生产<br>余伟辉 著 | 中国的精益生产必须面对和解决高员工流失率问题 | 确实来源于本土的工厂车间,很务实 |

| | | | |
|---|---|---|---|
| 生产管理 | 车间人员管理那些事儿<br>岑立聪 著 | 车间人员管理中处理各种"疑难杂症"的经验和方法 | 基层车间管理者最闹心、头疼的事,'打包'解决 |
| | 1. 欧博心法:好管理靠修行<br>2. 欧博心法:好工厂这样管<br>曾伟 著 | 他是本土最大的制造业管理咨询机构创始人,他从400多个项目、上万家企业实践中锤炼出的欧博心法 | 中小制造型企业,一定会有很强的共鸣 |
| | 欧博工厂案例1:生产计划管控对话录<br>欧博工厂案例2:品质技术改善对话录<br>欧博工厂案例3:员工执行力提升对话录<br>曾伟 著 | 最典型的问题、最详尽的解析,工厂管理9大问题27个经典案例 | 没想到说得这么细,超出想象,案例很典型,照搬都可以了 |
| | 工厂管理实战工具<br>欧博企管 编著 | 以传统文化为核心的管理工具 | 适合中国工厂 |
| | 苦中得乐:管理者的第一堂必修课<br>曾伟 编著 | 曾伟与师傅大愿法师的对话,佛学与管理实践的碰撞,管理禅的修行之道 | 用佛学最高智慧看透管理 |
| | 比日本工厂更高效1:管理提升无极限<br>刘承元 著 | 指出制造业企业管理的六大积弊;颠覆流行的错误认知;掌握精益管理的精髓 | 每一个企业都有自己不同的问题,管理没有一剑封喉的秘笈,要从现场、现物、现实出发 |
| | 比日本工厂更高效2:超强经营力<br>刘承元 著 | 企业要获得持续盈利,就要开源和节流,即实现销售最大化,费用最小化 | 掌握提升工厂效率的全新方法 |
| | 比日本工厂更高效3:精益改善力的成功实践<br>刘承元 著 | 工厂全面改善系统有其独特的目的取向特征,着眼于企业经营体质(持续竞争力)的建设与提升 | 用持续改善力来飞速提升工厂的效率,高效率能够带来意想不到的高效益 |
| | 3A顾问精益实践1:IE与效率提升<br>党新民 苏迎斌 蓝旭日 著 | 系统的阐述了IE技术的来龙去脉以及操作方法 | 使员工与企业持续获利 |
| | 3A顾问精益实践2:JIT与精益改善<br>肖志军 党新民 著 | 只在需要的时候,按需要的量,生产所需的产品 | 提升工厂效率 |
| | 化工企业工艺安全管理实操<br>黄娜 编著 | 化工企业工艺安全管理全指导 | 帮助企业树立安全意识、强化安全管理方法 |
| | 手把手教你做专业的生产经理<br>黄娜 著 | 物流、信息流、资金流,让生产经理管理有抓手 | 从菜鸟到能把控全局 |
| 员工素质提升 | TTT培训师精进三部曲(上):深度改善现场培训效果<br>廖信琳 著 | 现场把控不用慌,这里有妙招一用就灵 | 课程现场无论遇到什么样的情况都能游刃有余 |
| | TTT培训师精进三部曲(中):构建最有价值的课程内容<br>廖信琳 著 | 这样做课程内容,学员有收获培训师也有收获 | 优质的课程内容是树立个人品牌的保证 |
| | TTT培训师精进三部曲(下):职业功力沉淀与修为提升<br>廖信琳 著 | 从内而外提升自己,职业的道路一帆风顺 | 走上职业TTT内训师的康庄大道 |

| | 书名·作者 | 内容/特色 | 读者价值 |
|---|---|---|---|
| 员工素质提升 | **培训师,如何让你的事业长青:自我管理的 10 项法则**<br>廖信琳 著 | 建立了一套完整的培训师自我管理体系,为培训师的职业成长与发展提供有益的指引 | 培训师如何在自己的职业道路上越走越高,事业长青,一直有所收获与成长? 本书将给你答案 |
| | **管理咨询师的第一本书:百万年薪 千万身价**<br>熊亚柱 著 | 从问题出发,发现问题、分析问题、解决问题,让两眼一抹黑的新人快速成长 | 管理咨询师初入职场,让这本书开启百万年薪之路 |
| | **手把手教你做专业督导:专卖店、连锁店**<br>熊亚柱 著 | 从督导的职能、作用,在工作中需要的专业技能、方法,都提供了详细的解读和训练办法,同时附有大量的表单工具 | 无论是店铺需要统一培训,还是个人想成为优秀的督导,有这一本就够了 |
| | **跟老板"偷师"学创业**<br>吴江萍 余晓雷 著 | 边学边干,边观察边成长,你也可以当老板 | 不同于其他类型的创业书,让你在工作中积累创业经验,一举成功 |
| | **销售轨迹:一位快消品营销总监的拼搏之路**<br>秦国伟 著 | 本书讲述了一个普通销售员打拼成为跨国企业营销总监的真实奋斗历程 | 激励人心,给广大销售员以力量和鼓舞 |
| | **在组织中绽放自我:从专业化到职业化**<br>朱仁健 王祥伍 著 | 个人如何融入组织,组织如何助力个人成长 | 帮助企业员工快速认同并投入到组织中去,为企业发展贡献力量 |
| | **企业员工弟子规:用心做小事,成就大事业**<br>贾同领 著 | 从传统文化《弟子规》中学习企业中为人处事的办法,从自身做起 | 点滴小事,修养自身,从自身的改善得到事业的提升 |
| | **手把手教你做顶尖企业内训师:TTT 培训师宝典**<br>熊亚柱 著 | 从课程研发到现场把控、个人提升都有涉及,易读易懂,内容丰富全面 | 想要做企业内训师的员工有福了,本书教你如何抓住关键,从入门到精通 |
| | **28 天速成文案高手**<br>秦 士 安 丽 著 | 解构优秀品牌和出彩文案背后的逻辑,28 天循序渐进成为文案高手 | 让优质文案变成"智慧工厂"般的工序管理与稳定出品 |
| | **让投诉顾客满意离开:客户投诉应对与管理**<br>孟广桥 著 | 立足于投诉处理的实践,剖析了不同投诉者投诉的特点和应对措施,并提供各种技巧方法赢得客户信赖所需培养的品质修炼、处理投诉应掌握的法律法规等工具 | 是投诉处理人员适应岗位职能需要、提升工作技能的良师益友,是企业变诉为金、培养业务骨干的法宝 |

## 营销类:把客户需求融入企业各环节,提供"客户认为"有价值的东西

| | 书名·作者 | 内容/特色 | 读者价值 |
|---|---|---|---|
| 营销模式 | **精品营销战略**<br>杜建君 著 | 以精品理念为核心的精益战略和营销策略 | 用精品思维赢得高端市场 |
| | **变局下的营销模式升级**<br>程绍珊 叶宁 著 | 客户驱动模式、技术驱动模式、资源驱动模式 | 很多行业的营销模式被颠覆,调整的思路有了! |
| | **动销操盘:节奏掌控与社群时代新战法**<br>朱志明 著 | 在社群时代把握好产品生产销售的节奏,解析动销的症结,寻找动销的规律与方法 | 都是易读易懂的干货!对动销方法的全面解析和操盘 |
| | **弱势品牌如何做营销**<br>李政权 著 | 中小企业虽有品牌但没名气,营销照样能做的有声有色 | 没有丰富的实操经验,写不出这么具体、详实的案例和步骤,很有启发 |

| | | | |
|---|---|---|---|
| 营销模式 | 老板如何管营销<br>史贤龙 著 | 高段位营销16招,好学好用 | 老板能看,营销人也能看 |
| | 洞察人性的营销战术:沈坤教你28式<br>沈坤 著 | 28个匪夷所思的营销怪招令人拍案叫绝,涉及商业竞争的方方面面,大部分战术可以直接应用到企业营销中 | 各种谋略得益于作者的横向思维方式,将其操作过的案例结合其中,提供的战术对读者有参考价值 |
| | 动销:产品是如何畅销起来的<br>吴江萍 余晓雷 著 | 真真切切告诉你,产品究竟怎么才能卖出去 | 击中痛点,提供方法,你值得拥有 |
| | 1000 铁杆女粉丝<br>张兵武 著 | 连接是女性与生俱来的特质。能善用连接的营销人员,就像拿到打开女性荷包的钥匙 | 重新认识女性的传播力量 |
| | 360°谈营销:一位营销咨询师20年实战洞察<br>王清华 古怀亮 著 | 各个角度,全方位,多视点剥营销 | 思路单一,此书帮你破 |
| | 营销按钮:扣动一触即发的力量<br>老苗 著 | 提供各种奇形怪状的营销武器 | 一定会带给你不一样的思维震撼 |
| | 孙子兵法营销战<br>刘文新 著 | 逐句解读孙子兵法,以及在营销方面的感悟 | 帮助营销人用智慧打营销仗 |
| 销售 | 资深大客户经理:策略准,执行狠<br>叶敦明 著 | 从业务开发、发起攻势、关系培育、职业成长四个方面,详述了大客户营销的精髓 | 满满的全是干货 |
| | 大客户销售这样说这样做<br>陆和平 著 | 大客户销售十大模块68个典型销售场景应对策略和话术,直接拿来就用 | 从"为什么要这么干"到"干什么、怎么干" |
| | 成为资深的销售经理:B2B、工业品<br>陆和平 著 | 围绕"销售管理的六个关键控制点"——展开,提供销售管理的专业、高效方法 | 方法和技术接地气,拿来就用,从销售员成长为经理不再犯难 |
| | 销售是门专业活:B2B、工业品<br>陆和平 著 | 销售流程就应该跟着客户的采购流程和关注点的变化向前推进,将一个完整的销售过程分成十个阶段,提供具体方法 | 销售不是请客吃饭拉关系,是个专业的活计!方法在手,走遍天下不愁 |
| | 向高层销售:与决策者有效打交道<br>贺兵一 著 | 一套完整有效的销售策略 | 有工具,有方法,有案例,通俗易懂 |
| | 学话术 卖产品<br>张小虎 著 | 分析常见的顾客异议,将优秀的话术模块化 | 让普通导购员也能成为销售精英 |
| 组织和团队 | 升级你的营销组织<br>程绍珊 吴越舟 著 | 用"有机性"的营销组织替代"营销能人",营销团队变成"铁营盘" | 营销队伍最难管,程老师不愧是营销第1操盘手,步骤方法都很成熟 |
| | 用数字解放营销人<br>黄润霖 著 | 通过量化帮助营销人员提高工作效率 | 作者很用心,很好的常备工具书 |
| | 成为优秀的快消品区域经理(升级版)<br>伯建新 著 | 用"怎么办"分析区域经理的工作关键点,增加30%全新内容,更贴近环境变化 | 可以作为区域经理的"速成催化器" |
| | 成为资深的销售经理:B2B、工业品<br>陆和平 著 | 围绕"销售管理的六个关键控制点"——展开,提供销售管理的专业、高效方法 | 方法和技术接地气,拿来就用,从销售员成长为经理不再犯难 |

| | | | |
|---|---|---|---|
| 组织和团队 | 一位销售经理的工作心得<br>蒋 军 著 | 一线营销管理人员想提升业绩却无从下手时,可以看看这本书 | 一线的真实感悟 |
| | 快消品营销:一位销售经理的工作心得2<br>蒋 军 著 | 快消品、食品饮料营销的经验之谈,重点突出 | 来源于实战的精华总结 |
| | 销售轨迹:一位快消品营销总监的拼搏之路<br>秦国伟 著 | 本书讲述了一个普通销售员打拼成为跨国企业营销总监的真实奋斗历程 | 激励人心,给广大销售员以力量和鼓舞 |
| | 用营销计划锁定胜局:用数字解放营销人2<br>黄润霖 著 | 全方位教你怎么做好营销计划,好学好用真简单 | 照搬套用就行,做营销计划再也不头痛 |
| | 快消品营销人的第一本书:从入门到精通<br>刘 雷 伯建新 著 | 快消行业必读书,从入门到专业 | 深入细致,易学易懂 |
| 产品 | 产品开发管理方法·流程·工具:从作坊式到规范化<br>任彭枞 著 | 产品研发管理体系全指导 | 既有工具,又能开拓思路 |
| | 新产品开发管理,就用IPD(升级版)<br>郭富才 著 | 10年IPD研发管理咨询总结,国内首部IPD专业著作 | 一本书掌握IPD管理精髓 |
| | 这样打造大单品:<br>案例 策略 方法<br>迪智成咨询团队 著 | 囊括十三个不同行业、企业的实际案例,从不同角度详细剖析、总结了这些品牌厂家打造大单品的成功经验或者失败教训 | 厘清大单品打造的策划与路径,得出持续经营的思路与方法 |
| | 研发体系改进之道<br>靖 爽 陈年根 马鸣明 著 | 提出一套系统性的方法与工具 | 指引企业少走弯路,提高成功率 |
| | 资深项目经理这样做新产品开发管理<br>秦海林 著 | 以IPD为思想,系统讲解新产品开管理的细节 | 提供管理思路和实用工具 |
| | 产品炼金术Ⅰ:如何打造畅销产品<br>史贤龙 著 | 满足不同阶段、不同体量、不同行业企业对产品的完整需求 | 必须具备的思维和方法,避免在产品问题上走弯路 |
| | 产品炼金术Ⅱ:如何用产品驱动企业成长<br>史贤龙 著 | 做好产品、关注产品的品质,就是企业成功的第一步 | 必须具备的思维和方法,避免在产品问题上走弯路 |
| 品牌 | 中小企业如何建品牌<br>梁小平 著 | 中小企业建品牌的入门读本,通俗、易懂 | 对建品牌有了一个整体框架 |
| | 采纳方法:破解本土营销8大难题<br>朱玉童 编著 | 全面、系统、案例丰富、图文并茂 | 希望在品牌营销方面有所突破的人,应该看看 |
| | 中国品牌营销十三战法<br>朱玉童 编著 | 采纳20年来的品牌策划方法,同时配有大量的案例 | 众包方式写作,丰富案例令人启发,极具价值 |
| | 今后这样做品牌:移动互联时代的品牌营销策略<br>蒋 军 著 | 与移动互联紧密结合,告诉你老方法还能不能用,新方法怎么用 | 今后这样做品牌就对了 |
| | 中小企业如何打造区域强势品牌<br>吴 之 著 | 帮助区域的中小企业打造自身品牌,如何在强壮自身的基础上往外拓展 | 梳理误区,系统思考品牌问题,切实符合中小区域品牌的自身特点进行阐述 |

| | 书名 · 作者 | 内容/特色 | 读者价值 |
|---|---|---|---|
| 渠道通路 | **深度分销：掌控渠道价值链**<br>施 炜 著 | 制造商通过掌控渠道价值链，将管理触角延伸至零售层面及顾客现场，对市场根部精耕细作，从而挖掘需求，构筑区域市场尤其是三四级市场的竞争壁垒 | 深度分销是中国企业对世界营销的独特贡献。实践证明，互联网时代深度分销仍有生命力 |
| | **快消品营销与渠道管理**<br>谭长春 著 | 将快消品标杆企业渠道管理的经验和方法分享出来 | 可口可乐、华润的一些具体的渠道管理经验，实战 |
| | **传统行业如何用网络拿订单**<br>张 进 著 | 给老板看的第一本网络营销书 | 适合不懂网络技术的经营决策者看 |
| | **采纳方法：化解渠道冲突**<br>朱玉童 编著 | 系统剖析渠道冲突，21 个渠道冲突案例、情景式讲解，37 篇讲义 | 系统、全面 |
| | **学话术 卖产品**<br>张小虎 著 | 分析常见的顾客异议，将优秀的话术模块化 | 让普通导购员也能成为销售精英 |
| | **向高层销售：与决策者有效打交道**<br>贺兵一 著 | 一套完整有效的销售策略 | 有工具，有方法，有案例，通俗易懂 |
| | **通路精耕操作全解：快消品 20 年实战精华**<br>周 俊 陈小龙 著 | 通路精耕的详细全解，每一步的具体操作方法和表单全部无保留提供 | 康师傅二十年的经验和精华，实践证明的最有效方法，教你如何主宰通路 |

## 管理者读的文史哲 · 生活

| | 书名 · 作者 | 内容/特色 | 读者价值 |
|---|---|---|---|
| 思想 · 文化 | **德鲁克管理思想解读**<br>罗 珉 著 | 用独特视角和研究方法，对德鲁克的管理理论进行了深度解读与剖析 | 不仅是摘引和粗浅分析，还是作者多年深入研究的成果，非常可贵 |
| | **德鲁克与他的论敌们：马斯洛、戴明、彼得斯**<br>罗 珉 著 | 几位大师之间的论战和思想碰撞令人受益匪浅 | 对大师们的观点和著作进行了大量的理论加工，去伪存真、去粗存精，同时有自己独特的体系深度 |
| | **德鲁克管理学**<br>张远凤 著 | 本书以德鲁克管理思想的发展为线索，从一个侧面展示了 20 世纪管理学的发展历程 | 通俗易懂，脉络清晰 |
| | **王阳明"万物一体"论：从"身-体"的立场看(修订版)**<br>陈立胜 著 | 以身体哲学分析王阳明思想中的"仁"与"乐" | 进一步了解传统文化，了解王阳明的思想 |
| | **自我与世界：以问题为中心的现象学运动研究**<br>陈立胜 著 | 以问题为中心，对现象学运动中的"意向性""自我""他人""身体"及"世界"各核心议题之思想史背景与内在发展理路进行深入细致的分析 | 深入了解现象学中的几个主要问题 |
| | **作为身体哲学的中国古代哲学**<br>张再林 著 | 上篇为中国古代身体哲学理论体系奠基性部分，下篇对由"上篇"所开出的中国身体哲学理论体系的进一步的阐发和拓展 | 了解什么是真正原生态意义上的中国哲学，把中国传统哲学与西方传统哲学加以严格区别 |
| | **中西哲学的歧异与会通**<br>张再林 著 | 本书以一种现代解释学的方法，对中国传统哲学内在本质尝试一种全新的和全方位的解读 | 发掘出掩埋在古老传统形式下的现代特质和活的生命，在此基础上揭示中西哲学"你中有我，我中有你"之旨 |

| | | | |
|---|---|---|---|
| 思想·文化 | 治论:中国古代管理思想<br>张再林　著 | 本书主要从儒、法墨三家阐述中国古代管理思想 | 看人本主义的管理理论如何不留斧痕地克服似乎无法调解的存在于人类社会行为与社会组织中的种种两难和对立 |
| | 车过麻城　再晤李贽<br>张再林　著 | 系统全面而又简明扼要地展示了李贽独到的学术眼力和超拔的理论建树 | 帮助读者重新认识李贽的思想 |
| | 中国古代政治制度(修订版)<br>上:皇帝制度与中央政府<br>刘文瑞　著 | 全面论证了古代皇帝制度的形成和演变的历程 | 有助于读者从政治制度角度了解中国国情的历史渊源 |
| | 中国古代政治制度(修订版)<br>下:地方体制与官僚制度<br>刘文瑞　著 | 全面论证了古代地方政府的发展演变过程 | 有助于读者从政治制度角度了解中国国情的历史渊源 |
| | 中国思想文化十八讲(修订版)<br>张茂泽　著 | 中国古代的宗教思想文化,如对祖先崇拜、儒家天命观、中国古代关于"神"的讨论等 | 宗教文化和人生信仰或信念紧密相联,在文化转型时期学习和研究中国宗教文化就有特别的现实意义 |
| | 史幼波《大学》讲记<br>史幼波　著 | 用儒释道的观点阐释大学的深刻思想 | 一本书读懂传统文化经典 |
| | 史幼波《周子通书》《太极图说》讲记<br>史幼波　著 | 把形而上的宇宙、天地,与形而下的社会、人生、经济、文化等融合在一起 | 将儒家的一整套学修系统融合起来 |
| | 史幼波《中庸》讲记(上下册)<br>史幼波　著 | 全面、深入浅出地揭示儒家中庸文化的真谛 | 儒释道三家思想融会贯通 |
| | 梁涛讲《孟子》之万章篇<br>梁　涛　著 | 《万章》主要记录孟子与万章的对话,涉及孝道、亲情、友情、出仕为官等 | 作者的解读能帮助读者更好地理解孟子及儒学 |
| | 两晋南北朝十二讲(修订版)<br>李文才　著 | 作为一本普及性读物,作者尊重史实,运用"历史心理学"的叙事方法,分 12 个专题对两晋南北朝的历史进行阐述 | 让读者轻松了解两晋南北朝的历史 |
| | 每个中国人身上的春秋基因<br>史贤龙　著 | 春秋 368 年(公元前 770 - 公元前 403 年),每一个中国人都可以在这段时期的历史中找到自己的祖先,看到真实发生的事件,同时也看到自己 | 长情商、识人心 |
| | 与《老子》一起思考:德篇<br>与《老子》一起思考:道篇<br>史贤龙　著 | 打通文史,回归哲慧,纵贯古今,放眼中外,妙语迭出,在当今的老子读本中别具一格 | 深读有深读的回味,浅尝有浅尝的机敏,可给读者不同的启发 |
| | 说服天下:《鬼谷子》的中国沟通术<br>翟玉忠　著 | 由内圣而外王,从心力的培育到具体的说服理论,再到生动的说服案例 | 从商业到军事再到日常生活,沟通说服已经变得越来越重要 |
| | 读《管子》,知天下财富:轻重术与中国古典经济思想<br>翟玉忠　著 | 中国农业社会规模庞大的市场产生了复杂发展的经济理论——以《管子》轻重十六篇为核心的轻重术 | 本书分为道、术两大部分,有思想、有谋略,相信你会从中有所收获 |

| | | | |
|---|---|---|---|
| **思想·文化** | **中国商道：从古典商书说开去**<br>翟玉忠　著 | 对中国先秦和明清两个商品经济大发展时期商业典籍的第一次系统整理和诠释 | 中华商道一脉相承，造就了无数商业奇迹，成就了无数商业巨子。今人读之，必能获益 |
| | **跟陈忠建学写名家书法Ⅰ**<br>**跟陈忠建学写名家书法Ⅱ**<br>陈忠建　著 | 中国台湾著名书法教育家，用视频手把手教你摹写历代名家笔触 | 用拟古千字文的形式，学习名家的技巧 |
| | **像美国人一样讲话：教你记住**<br>**800句最地道的美语**<br>马方旭　著 | 本书基本囊括了在美国最常用最地道的800习惯用语表达，包含中英双语翻译，以及清晰明了的注解帮助增强记忆，加入视频等流行的记忆方法 | 易读易懂，趣味十足 |
| | **别让你的执着毁了孩子**<br>廖信琳　著 | 让职场人在家庭教育中不再焦虑，重塑亲子互动模式 | 只要放下你的执拗，孩子可以更优秀 |
| | **非暴力抵抗的诞生**<br>甘　地　著 | 甘地在南非的自传，介绍了非暴力抵抗诞生的历史 | 深入了解甘地及其伟大思想 |
| | **中东历史与现状二十讲**<br>黄民兴　著 | 介绍了中东历史和现状的20个重要问题 | 为研究和教学人员提供指导和依据 |
| | **郑子太极拳理拳法**<br>杨竣雄　著 | 走进郑子太极拳完整训练体系的大门，随着书中另一主角——师父的课程安排与每日功课的练习 | 当您学完这套书后，在掌握拳架的同时具备诸多正确的太极理念与系统知识 |
| | **内功太极拳训练教程**<br>王铁仁　编著 | 杨式（内功）太极拳（俗称老六路）的详细介绍及具体修炼方法，身心的一次升华 | 书中含有大量图解并有相关视频供读者同步学习 |
| | **中医治心脏病**<br>马宝琳　著 | 引用众多真实案例，客观真实地讲述了中西医对于心脏病的认识及治疗方法 | 看完这本书，能为您节约10万元医药费 |